新媒介的数字口语化研究

翟羽佳 —— 著

清华大学出版社
北京

内 容 简 介

口语深深地贴近活生生的世界，新媒介的数字口语化正是对人性、对话、社群、剧情的回归。新的媒介变革把人的意识提高到次生口语文化的新时代，新媒介的数字口语化过程可以看作后现代主义文化思潮与媒介人性论相互融合的发展过程，是对后人类形势下文艺生产内容的考察。

本书运用与"新媒介数字口语化"现象相关的文艺学、传播学、语言学等相关理论进行研究，对"数字化生存"语境中的紧要问题进行创新性阐释，为跨学科的综合性文化研究提供了有效例证。

本书分别从媒介环境学、文学意识形态的视角研究了新媒介数字口语化的起始，以口头诗学与应用语言学等为背景对新媒介数字口语化进行了新的理论阐释，从数字媒介与意识形态互动的新表现中考察了数字媒介传播的意识形态性，并总结了新特质。同时，本书还从学理建构、内在规律、实践问题等方面丰富了新媒介语言研究的内涵，拓延了媒介文艺学的逻辑范畴和研究范式。

版权所有，侵权必究。举报：010-62782989，beiqinquan@tup.tsinghua.edu.cn。

图书在版编目（CIP）数据

新媒介的数字口语化研究 / 翟羽佳著．—北京：清华大学出版社，2022.12（2023.12 重印）
ISBN 978-7-302-62222-2

Ⅰ.①新… Ⅱ.①翟… Ⅲ.①传播媒介–言语–研究 Ⅳ.①G206.2

中国版本图书馆 CIP 数据核字 (2022) 第 232596 号

责任编辑：张　宇
封面设计：马术明
责任校对：薄军霞
责任印制：刘海龙

出版发行：清华大学出版社
网　　址：https://www.tup.com.cn, https://www.wqxuetang.com
地　　址：北京清华大学学研大厦 A 座　　邮　　编：100084
社 总 机：010-83470000　　邮　　购：010-62786544
投稿与读者服务：010-62776969, c-service@tup.tsinghua.edu.cn
质量反馈：010-62772015, zhiliang@tup.tsinghua.edu.cn

印 装 者：涿州市般润文化传播有限公司
经　　销：全国新华书店
开　　本：148mm×210mm　　印　张：6.5　　字　数：162 千字
版　　次：2022 年 12 月第 1 版　　印　次：2023 年 12 月第 3 次印刷
定　　价：65.00 元

产品编号：099547-01

Contents 目录

绪论 // 1

第一章　基本概念的辨析及话语应用现状分析 // 26
　　第一节　新媒介、数字媒介、媒介与媒体 // 27
　　第二节　"原生口语"与"次生口语" // 43
　　第三节　"次生口语"的口语化内涵 // 54
　　第四节　媒介话语理论的学理建构 // 59
　　第五节　数字媒介话语应用现状 // 72

第二章　数字媒介话语口语化的背景分析 // 82
　　第一节　口语化的传播背景：数字媒介的催化 // 85
　　第二节　口语化的观念背景：个体精神的觉醒 // 90
　　第三节　口语化的表达背景："声觉空间"的再现 // 96

第三章　数字媒介话语口语化的理论阐释 // 108
　　第一节　口语传播的生成动因：记忆力和模因论 // 109
　　第二节　口语文本的创作规律：口头程式理论 // 115

第三节　口语传播的程式理论分析：语言学视角 // 133

第四节　口语传播的意识形态分析：文学传播学视角 // 143

第四章　数字媒介话语口语化传播与意识形态的互动 // 153

第一节　文学传播新特性：与意识形态共舞 // 156

第二节　口语化影响下的意识形态传播 // 168

第三节　常用数字媒介的意识形态表现 // 181

结语 // 188

参考文献 // 194

绪 论

当今时代，媒介本身衍生的话语体系已盘根错节地深入社会政治、经济、文化乃至生活的话语体系中，潜移默化地影响着各个层面。话语体系的改变，意味着人类思维和社会观念的相应变化。事实上，今日的媒介早已参与到社会资源配置的各个环节。近些年来，随着数字媒介的渐渐兴盛，社交行为的日益频繁以及社会关系的逐步紧密，口语在人们的生活中开始扮演越来越重要的角色。从地理范围上看，技术的发展缩小了人际交往的距离，人类社交活动的辐射面积骤然增大，口语的日常使用频率逐步增加；从时空范围来看，移动互联网的兴盛，使口语的传播伸向了无限多的可能区域，口语正发挥着越来越重要的交际功用并拓展至社会的各个领域。口语的相关研究开始得到广泛关注。口语，不论是初民社会的"口头遗存"，抑或是移动互联媒介中的"次生口语文化"形态，还是新媒介技术下数字口语文化，都内涵于人类意识的思维与价值，外延于日常生活的行为与习惯。今时今日，数字媒介话语中的口语化现象日益凸显，并深刻影响到人们的日常语言、交流进而影响人们的思想，因而亟须加以重视和研究。

一、"活的语言"：数字媒介口语

1. 数字媒介话语的口语化特征

事实上，有关口语化的研究已经有一段时间。20世纪60年代以来，它就开始进入人文学科研究的视野。人们认为，"口语化"不仅仅局限于语言学的维度，它应该拥有更广阔的学科视野。它来源于初民部落的组建，发端于个人意识的觉醒，它应该是人文学科有关社会现象研究的一个重要突破点。起初，这些研究更多集中在新闻报道的"口语化"现象中，研究认为媒介话语占据社会公共话语的重要地位，其突出的口语化风格值得剖析。但是，随着媒介技术的推进，移动终端的全民普及，微信、微博等工具的风靡兴盛，人们获取信息、交流的手段也被其逐渐垄断，数字媒介话语日益凸显的口语化特征理应引起我们的重视，研究亟须提上日程。国内外的许多学者开始关注这个现象，比如语言学者们对口语词汇的认识也在逐渐更新。如今，"丰富多彩的口语会话环境，为词汇的动态话语功能提供了一个生动的舞台"①，"口语基本词汇几乎涵盖了全部词类，既有对客观物体、事件、性质进行静态描述的实词，也有表达动态人际功能和语篇功能的各类虚词和话语标记。"② 与此同时，传播学科也开始了对这个特征的研究。

美国知名传播学学者，芝加哥大学教授兹兹·帕帕克瑞斯（Zizi Papacharissi）曾在2015年发表文章指出，新媒介语言，尤其那些受大数据等科技影响的当下媒介应用语言，也被称为数字化口语，介于原生口语文化与次生口语文化之间，兼具人性与主观性。与书面语相比，数字媒介语言在某种程度上实现了口语化的回归。而数字媒介等新兴

---

① 王慧：《日常口语中的基本词汇》，《中国语文》，2011年第5期。
② 王慧：《日常口语中的基本词汇》，《中国语文》，2011年第5期。

技术在影响语言使用的同时，也在默默改变着人类的叙事方式和知识传承。①许许多多的社交软件不断登场，视频、图片在各种交流中都流溢出口语化的表征。索弗（Soffer）的研究就聚焦于时下新兴的视频新媒体——风靡美国的色拉布（snapchat）。他指出，snapchat等视频新媒介在语言的应用中，就体现出了鲜明的口语化风格。其一，语言被录入视频之中，视频播出时随即消失。其二，语言被说出之后并无文字记录，因此并不具备书面传播传递、储存知识的特点。②尔后，例如推特、微信等有声语言输送软件的全民普及，更是将口语化这一趋势推上媒介话语研究热点。斯莱戈（Sligo）等学者在通过对88名年轻人的用语观察时发现，作为口语化特征的缩略语等形式，这些媒介语言的样式不仅体现在观察样本的新媒体书写用语（短信、博客和推特）中，更体现在年轻人通过新媒体而进行的互相交流中。同时，新媒体中所产生的大量有声语言的交流也体现了口语化的特征。③

对于国内而言，"高价值内涵"和"轻量化输出"是年轻用户对移动终端的语言呈现方式的重要诉求，在《中国自媒体内容创业报告：你朋友圈里原来这些文章最火》中，研究人员认为移动终端用户将更多的碎片化时间用在轻松随性、具备新叙事风格和强烈个性形象的内容产品中，同时提出微信朋友圈语言全新叙事方式的变革："（1）一切有门槛的阅读，都在被自媒体消解；（2）专业词汇，被口语化替代；（3）严肃的论证链接，被犀利的风格化表态替代；（4）传统的文体架构，被丰富的图、文、视频混排替代；（5）严谨的内容产品依然有价

---

① Papacharissi, Z. (2015). *The unbearable lightness of information and the impossible gravitas of knowledge: Big Data and the makings of a digital orality.* Media, Culture & Society, 37(7), 1095-1100.

② Soffer, O. (2016). *The oral paradigm and Snapchat.* Social Media+ Society, 2(3), 1-4.

③ Sligo, F., Tilley, E., Murray, N., & Comrie, M. (2015). *Young adult literacy learners describe the text–orality nexus.* Text & Talk, 35(1), 101-121.

值空间，但大众更多的消费时间被另一种大不相同的形态占据——内容消费开始变得轻快、扁平和离散。"① 我们不难发现无论是国外还是国内，以社交媒介为代表的诸如"微信""微博""Facebook（脸书）"这些移动APP应用的风靡乃至普及，不仅带来了新的叙事风格与语言革命，更关键的是它还催生了当下主流媒介口语化特征的成熟。

2. 数字媒介话语剧变对文学研究提出的挑战

一直以来，媒介的发展是以人类的物质生活形态为具体表现的，而媒介的每一次剧变势必会带来文明的裂变。人们由最初的原生口语文化发展到以文字占主导的书面文化；可如今，文明的车辗驶来，全新一代的"地球人"正在麦克卢汉的"预言"下进入了另一种"初始状态"：次生口语文化。这里，数字媒介正成为这个时代的"新贵"，文字本身所裹挟的线性秩序正在被消解，口语思维带着原始部落的力量再次登场，浓墨重彩地结合到新的媒介时代中来。

但是，无论媒介如何更迭，时至今日，人们依旧在经历这样的感受：对数字媒介的恐慌，对旧媒介的依恋。每一种新技术都创造一种新环境，汽车、铁路、收音机和飞机都是如此。任何新技术都要改变人的整个环境，并且包裹和包容老的环境。而新环境随时都在用老的环境创造新的物品原型和新的艺术形式。荷兰语言学家范·戴克（Van Dijk）曾在著作中表述："媒介早已参与到社会资源配置的各个环节，而特定社会群体也利用媒介进行资源配置的倾斜。"② 而当前现实是，数字媒介话语中的口语化进程日益凸显，并深刻影响到日常语言、思维，

---

① 企鹅智库，2016，《中国自媒体内容创业数据及趋势报告》：http://tech.qq.com.
② Van Dijk, T. A. (1996). *Discourse, power and access. In Caldas-Coulthard. C. R. & Coulthard. M.,Texts and Practices: Readings in Critical Discourse Analysis*, Abingdon-on-Thames, Routledge.

以及交流，我们不得不承认，口语在文学研究中的地位今非昔比，文学批评与文艺研究、语言学研究正在面对更多的任务与挑战。

客观来说，传播学研究本身就是多学科交叉。因此，媒介话语的问题也需要多学科、多取向的视角分析。"大众传播的研究应当是社会与行为科学以及人文学知识整体的一部分，是对人类社会的象征再现和这一再现的生产过程及其对人的心理、行为之影响的研究。"①一直以来，关于媒介的研究一般分为三个方面：媒介生产、媒介内容、媒介效果。而媒介话语的分析属于媒介内容，也就是媒介文本的研究。这些文本的载体——数字媒介，已然在无形之中塑造了新的话语形式。目前，我们的研究遇到了这样的现状：这些发生在新社交媒介中轻书写重交际的口语化现象，现有的理论无法解释。对于媒介话语的口语研究，它的传播内容、传播形式、传播动力、传播意识等都亟待解决；同时还必须在更深的层面上追问当代传播为什么会发生口语化，以及如何从理论上解释这种口语化。这些问题，已然不只是传播学科的困惑，更是文学研究必须直面的难题。因为，媒介的更迭所牵动的文学层面的载体变化，而文学本身也会产生改变。所以，对于文学而言，研究数字媒介话语也为自身开拓了更多的发展空间与理论版图。据此现实，只有将传播学、文艺学两个主流学科的深度结合才能完成新时期、新环境、新文明等数层挑战下的任务研究。

3. 数字媒介话语口语化研究——文学传播的新尝试

文学传播学，作为一门正在兴起的交叉学科，是历史观与现实条件的必然指向。客观来看，文学传播是一个动态的信息系统，"传播是社会信息的传递和社会信息系统的运行"②。从广义上讲，文学传播可以

---

① 费尔克拉夫：《话语与社会变迁》，殷晓蓉译，华夏出版社，2003，第4页。
② 郭庆光：《传播学教程》，中国人民大学出版社，1999，第5页。

涵盖两个层次的活动。其一，是指文学创作主体与文学接受主体的整个信息的传播过程；其二，是指媒介传播主体与传播受众的文学活动过程。本书认为，文学传播学不应该只是基于文艺理论、文艺批评的角度，英国语言学家诺曼·费尔克拉夫（Norman Fairclough）就提出"所谓话语，指的是对主题或者目标的谈论方式，包括口语、文字以及其他的表述方式。话语根源于人们的生活方式和文化习惯，但同时也影响着人们的生活方式和文化习惯。"① 在语言学的概念中，"话语"也用来指口头对话的延伸部分，以便与书写"文本"相对照。因此，在以文本为方向的话语分析中，口头语言的分析也是重要组成部分。所以，口语活动的变迁正是一部动态的文学传播发展史。

口语研究一般分三个导向：交际、表达、传播。一直以来，无论语言学还是文艺理论学对于书面语的重视要远远超过口头语言。直到近些年，随着电子媒介的渐渐兴盛，社交行为的日益频繁以及社交关系的逐步紧密，口语在人们社会生活中开始上演重要角色。从地理范围上说，技术的发展缩短了人与人之间的交往距离与范围，于是人们的活动辐射面积骤然增大，口语的日常使用概率铺天盖地；从时空范围来说，线上移动互联的兴盛，使口语的传播尺度伸向了更多无限的可能区域，口语发挥了越来越重要的交际功用并纵横各个领域。口语的相关研究开始得到广泛关注。口语是人类社会维系的黏合剂，口语赋予人社会属性，同时作为纽带联合社会因素。徐树华（2012）从学科类别的角度将口语研究大致分为以下三个导向："一是口语交际研究，基本属于语用学导向的研究；二是口语表达研究，基本属于艺术学导向的研究；三是口语传播研究，基本属于传播学导向的研究。三者在历史上学缘关系密切，随着学科的发展和细化，各有侧重，呈现

---

① 费尔克拉夫：《话语与社会变迁》，殷晓蓉译，华夏出版社，2003，第1页。

出不同的研究特色。"①因此，本书论题的研究运用了多学科、多理论交叉的方法，包括史诗研究（口头程式理论）、媒介环境学研究、大众传播学研究、应用语言学研究、文艺理论研究、意识形态研究等学术视野。

文学和媒介的意识形态性问题，一直是文艺研究与传播学研究的一个重要问题。国外的学者对此问题比较关注，不论是法兰克福学派的文化批判理论，还是大众传播理论对意识形态的深入探讨，都取得了大量的成果。以冷战时期的意识形态对抗为背景发展起来的传播学极为看重传播的意识形态性。相比较而言，国内学者对这一问题的分析似乎尚未形成。

事实上，深入探讨口语传播急需集合这些学科的交叉研究作为背景理论，这对数字媒介时代的传播研究有极强的社会理论意义和现实应用价值。

二、已有的研究综述

沃尔特·翁（Walter Ong）提到，"20世纪末，北美的多伦多学派和纽约学派整合为媒介环境学派，组建了媒介环境学会，开始问鼎北美传播学的主流圈子"。②众所周知，20世纪中叶之后的传播学，以马歇尔·麦克卢汉（Marshall McLuhan）为代表的媒介环境学占据了半壁江山，并主导了后来传播学的走向。这个学科的优势在于善于引入多种模式研究，接受各个学科的视角，并做出多种融合探索。一直以来，国内传播学的研究重点多为大众传播，而20世纪80年代从西

---

① 徐树华：《论口语研究的三种导向：交际、表达、传播》，《现代传播》，2012年第9期。
② 沃尔特·翁：《口语文化与书面文化：语的技术化》，何道宽译，北京大学出版社，2008，第1页。

方世界引进的传播学正是美国20世纪三四十年代实证主义研究盛行的那些学派,这些学派正是以经验和批判著称的。但是这种视角并不能完全主导一个学科半个世纪甚至是更久,因为伴随技术的变革以及经济的发展,这些理论已不能完全解决现实问题。于是,各国传播学都在寻找新的学科力量。直到2000年以后,以麦克卢汉为代表的第三学派的出现,逐渐受到世人瞩目。而国内也未逃过旧视角范式、内容陈积等所带来的学科危机,于是,国内传播学界开始关注正在突起的力量:媒介环境学。作为将媒介环境学大量书籍译介并引入国内的学者何道宽,他对媒介环境学的特点是如此分析的:"(1)具有深厚的历史视野,关注技术、环境、媒介、知识、传播、文明的演进,跨度大;(2)主张泛技术论、泛环境论、泛媒介论,关注重点是媒介而不是狭隘的媒体;(3)重视媒介长效而深层的社会、文化和心理影响;(4)怀有深切的人文关怀和现实关怀。"[1]国内传播学在口语传播方面的研究暂时薄弱,基本以大众传播为研究主流。大众传播一直追寻以量化研究为主要手段,以传播效果为研究目的。而口语传播,事实上是一种很难量化的事物。"社会历史学家里哈德·柯斯特兰涅兹(Rihard Kostelanetz)争辩说:'麦克卢汉头脑最非凡的品格,是他能够看透别人只能看见数据或什么也看不见的东西。他告诉我们如何量化过去无法计量的现象。'"[2] 这告诉我们,解决口语传播的问题,可以从媒介环境学的视域寻找出路。

口语传播学是媒介环境学的延续与发展。"口语传播学探讨的是一种话语方式,即研究人们如何最恰当地利用口语形式以及其他副语言

---

[1] 沃尔特·翁:《口语文化与书面文化:语的技术化》,何道宽译,北京大学出版社,2008,第2页。
[2] 麦克卢汉:《理解媒介:论人的延伸》,何道宽译,商务印书馆,2000,第356页。

形态来影响受众,如何使人在思想、观念、行为、行动上产生改变。"①
关于"口语"的说法,一直以来众说纷纭。其实,关于"口语是什么"的问题本身并不值得探讨,而关于口语的价值属性这个问题却十分值得探究。自媒介环境理论出现之前,对口语的认知多停留在"口语是一种传播行为",真正做到深层研究的还应归于麦克卢汉对口语的认识:"口语是最早的技术,凭借这一技术,人类用一种新的方法去摆脱环境以便于掌握环境。"②其同时代的媒介学者伊尼斯也表达了相同的看法,认为媒介涵盖一切技术,口语首先是一种媒介。后来,马文·波斯曼(Marvin Potzmann)在《技术垄断》中也表示"语言就是技术"此类的看法。而到沃尔特·翁这里,口语是否为技术就变得比较隐晦。首先,沃尔特对口语的描述都是在与书面语的对比中进行的,文字作为书面语的承载体是物质技术的,而口语发生于并不知文字为何物的时期,是人向部落群体化的传播需求中自然发生的,并不能完全称为技术。口语有人性,文字有物性。但保罗·莱文森(Paul Levinson)却并不认同,他指出无论是口语还是书写的文字,皆是人的产物、是人的延伸,故而都是技术。正是通过这些对"口语"媒介的研究,更多的理论学家开始认识到,口语已经日益充斥在新的媒介话语中,并拥有重要的位置:"巴伦(N.Baron)认为电子邮件与口语相似的原因是写作越来越口语化,部分原因出于有意识的方法决定,部分原因是我们如何向他人展示自己的社会态度发生了改变。"③大卫·克里斯特尔(David Crystal)认为,"可以把网络语言看作朝口语方向拉的书面语,

---

① 李亚铭,王群:《口语传播学:一个亟待建构的新学科》,《编辑之友》,2014年第7期。
② 麦克卢汉:《麦克卢汉精粹》,何道宽译,南京大学出版社,2000,第311页。
③ Baron, N.S.*Why email looks like speech—Proofreading, pedagogy and public face*[C]. in eds.J.Aitchison & D.M.Lewis, London: Rouledge, 2003: 92// 曹进:《网络语言传播导论》,北京:清华大学出版社,2012,第5页。

而不是书面记录下来的口语"。①

　　整个媒介环境学派发展已经走过了三代人的历程,但有关口语回归的研究,源自第二代学者中沃尔特·翁(Walter Ong)所著的《口语文化与书面文化:语词的技术化》一书。国内学者何道宽称此书"彻底破解了荷马史诗和口语的文化之谜"。作者沃尔特·翁在文中不只详尽介绍了史诗学家们近百年来的研究成果,还见地独到地区分了口语文化与书面文化的两极性,最重要的是沃尔特将因"电子和数字时代"的到来而以新的形态复活的口语文化创造性地命名为"次生口语文化",以及与其区分的"原生口语文化",并提出了口语文化的九大特征。他认为原生口语文化就是"不知道文字是何物的文化",而次生口语文化是"电话、电视、广播产生的文化"。这是从文化与媒介史的角度区分的,同时,两者在心态与意识上也是不同的。原书作者认为次生口语文化拥有强大的解释力,它不止可以还原那些遗存在高科技时代中的原生口语,同时还可以更好地解释"地球村"和"重新部落化"时代。而这一点在本书看来正是开辟了媒介环境学的新视野。

　　虽然作者在自序中表明此书的重点在于研究口语文化与书面文化的关系,以及这两者不同的文化心态问题,但在本书看来,此书的贡献有三:其一,面对前人对口语词技术化争论不休时,独具慧眼地将争议拉到了口语本身的发展能力,即口头程式理论中所提到的"套语"能力。其二,面对媒介环境学对当前电子信息时代出现了轻书写重交际的语言嘈杂现象混沌不明时,他旗帜鲜明地指出电子信息时代的文化是"次生口语文化",并延续了原生口语文化的部分遗产。其三,在媒介环境学面对社交媒介所带来的"受众如此之深广、传播如此之迅捷"的生态挑战时,他指明了通过口语传播的视角来研究新型媒介的

---

① Crystal, D.*The Language Revolution*[M]. Cambridge: Polity Press, 2004: 79/ 曹进:《网络语言传播导论》,北京:清华大学出版社,2012,第6页。

路径方法。此书为后来的媒介口语化研究挖掘了可持续的理论动力，也为此文论题的合法性奠定了坚实的论证，为未来的研究指明了道路与方向。

上文已提，本书论题的研究运用了多学科交叉的方法，包括史诗研究（口头程式理论）、媒介环境学研究、大众传播学研究、应用语言学研究、文艺理论研究、意识形态研究等学术视野。本书会在以下内容中，将各学科与本论题相关的研究文献做具体分析。

以"媒介话语"为主题词，在中国学术文献网络出版总库（CNKI）中可以搜索到六百多条相关的文献。事实上，关注"媒介话语"的学术研究还并不多。通过对比发现，大部分的文献还是集中在实际应用中的"媒介话语"分析，比如在课堂教学、广告宣传、艺术品制造等方面。这其中真正与"媒介话语"本身相关的文章零散稀疏，比如：屈会超的《新媒介语言的融合与分化》，认为新媒介本身就是传统语言与网络时代语言的融合体，它的形式又因被操控的传播主体异同而产生分化，于是新媒介话语就会出现不同的特色与层次[①]；吕颖的《新媒介的语言之绳——文艺学与文化研究对象的思考》，提出当前国内文艺学的关注焦点应该从"文学研究"转向"文化研究"，尤其要关注因文学载体的更迭而变化的媒介话语，把握好媒介与文学的关系，这也是未来文艺学的重要走向之一。[②]

以"口语化"为主题词，在中国学术文献网络出版总库（CNKI）中可以搜索到近两千条相关的文献，大多数文献集中于新闻语言的"口语化"研究，以及现当代文学中关于小说人物"口语化"风格的分析、书面语和口语的对比研究。比如：王旭华的《口语和书面语的

[①] 屈会超：《新媒介语言的融合与分化》，《新闻界》，2013年第2期。
[②] 吕颖：《新媒介的语言之绳——文艺学与文化研究对象的思考》，《宁夏社会科学》，2006年第2期。

区分对文学批评的影响——以弗莱文论为例》、乔基庆的《口语乌托邦——简论口语文化的特点与人们的存在样态》等,而真正与新媒介话语口语化研究相关的文献却屈指可数。

"次生口语文化"与"口头诗学"结合的研究:崔国清与杨振岗在《电子传媒时代的口头诗学》一文中,作者将"口头诗学"与电子传媒时代结合,认为帕里·洛德所创的口头程式理论即文中的"口头诗学"挑战了过去以"书写和文本"为理解习惯的手段。事实上,书面文学并没有比口语传承高明很多;尤其从媒介的角度看,文字只是传播交流信息的一种工具,因为依附在纸媒的繁荣时代,才使书写文明高度发展,这并不意味着其他的交流工具就不能兴盛。于是指出新媒介时代的口语文化是过去"口头诗学"的重生,也就是沃尔特所说的"次生口语文化"。但是由于"地球村"的空间优势,"次生口语文化"也会产生空前的群体规模。短信的多重表现手法接近口语,而其"戏仿、谐音"的修辞方式更倾向于口语的市井化特点;而短信的内容可以用"程式化"的表达归类。"口头诗学"与新媒介正在产生良好的互动。在文章的最后"口头诗学所体现出的生态意识"一章中,但是作者并未做详细解读。毕竟"口头诗学"的现代美学价值应该是当前研究次生口语文明的主要部分,值得深入探究。① 与之类似,美国天普大学学者费恩巴克(Fernback)在2003年发表的文章将电子媒体时代的"社区"文学当作口头民俗文学的传承,并从内容形成、内容含义、内容的自主传播等角度出发论述二者的一脉相承。同时指出,"社区"文学在某种程度上可以看作"部落口语文化"在电子媒体时代的重生。但是其在电子媒体时代能否发展成为"次生口语文化",取决于

---

① 崔国清,杨振岗:《电子传媒时代的口头诗学》,《长治学院学报》,2012年第4期。

电子媒体技术的发展和其与网络社区文学的互动。①

"次生口语文化"与语言学结合的研究：曹进、王翌霖在《语言无羁——网络影响言语交流的逻辑路径》中，认为媒介技术的进步，催生了人们之间话语交流方式的变革，而这种变革"重塑了人类语言生态与面貌"。由于媒介技术引擎的推动，人们获得了更多的交流空间，于是产生了多种层次的参与和消费，进而衍生了更多形式的语言样貌，"从而创造出多元化、口语化的'超次生口语文化'"。同时，这种"超次生口语文化"展现出了如"语词翻新改造""语句翻转结构""语义拼接跳跃"等语言学意义上的表达，作者认为这正是语言本身的惯性——"无羁向度"所导致。②

媒介变迁催生"口语回归"的研究：黄舒蔚、禹雄华在《中国媒介口语文化现象揣微》中提出，口语文化已经大量地存在于当前的媒介话语中，并拥有重要的地位。同时，这种已然充斥于我们的媒介环境中的口语文化现象，正在对网民的意识形态发生作用。文章指出："当代话语秩序的'大众化''商品化'和'技术化'三个变化倾向，都与媒介口语文化的繁荣和变迁有关。同时也通过结构主义语言学、应用语言学和媒介环境学的视角，把媒介语言视为一种文化符号和可持续变化发展的技术力量。"③

媒介技术革新"口语回归"的研究：曹智频在《媒介偏向与文化变迁：从伊尼斯到麦克卢汉》一文中，首先认同从伊尼斯到麦克卢汉多位媒介环境学家的理论基础，即媒介变迁对社会文化的影响，以及

---

① Fernback, J. (2003). *Legends on the Net: An Examination of Computer-Mediated Communication as A Locus of Oral Culture.* New Media & Society, 5(1), 29-45.
② 曹进，王翌霖：《语言无羁——网络影响言语交流的逻辑路径》，《外语电化教学》，2014年第5期。
③ 黄舒蔚，禹雄华：《中国媒介口语文化现象揣微》，《漳州师范学院学报（哲学社会科学版）》，2010年第4期。

媒介技术本身对文化的塑造力。而在这些媒介演变的步骤中，作者鲜明地提出口传文明也就是口语媒介兴盛的时代应是部落共享和谐相处的时期，而当下的数字媒介时代回应了这个古老的口语文明，作者认为3G技术所带来的文明表现正是一种"逻辑上的口语回归"，新媒介技术高度介入人们的生活，泛媒介化已渗透到人本身。①

新媒介话语审美"亲和力"即口语化倾向的研究：赵莉在博士学位论文《新媒体科学传播亲和力的话语建构研究》中，着重强调了新媒体传播中话语亲和力的重要特征，指出亲和力可分化出"言语亲和力"以及"非言语亲和力"两种状态，并呈现出"超语言学"的趋势；认为大众传播中的"通俗话语体系"有异于专业学科中的"专业话语体系"，应将新媒体开放、自由、活力的动态话语空间上升到科学传播的话语机制中。但在本书看来，所谓亲和力不过是口语化审美意义上的一项突出特色，如果把亲和力换成口语化倾向，那么运用起来可能会更准确便利。②

1."口头程式理论"相关研究

口头程式理论与数字媒介话语的初始结合，是以沃尔特《语词的技术化》一书为实践范本的。引入"口头程式理论"，不止深化数字媒介话语的口语化研究，而且拓宽媒介语言的探究路径。沃尔特·翁认为口头程式理论是打开"次生口语文化"研究大门的金钥匙，"口头程式理论"是在20世纪50年代左右发展起来的有关口头传统的理论，它的缘起来自民俗学家对远古神话荷马史诗的聚焦，而后研究者米尔

---

① 曹智频：《媒介偏向与文化变迁：从伊尼斯到麦克卢汉》，《学术研究》，2010年第8期。
② 赵莉：《新媒体科学传播亲和力的话语建构研究》，博士学位论文，中国科技大学公共管理，2014，第11页。

曼·帕里（Milman Parry）进行了细致的田野调查，发现了口头诗歌活动的基本书学特征。帕里以及他的学生艾伯特·洛德（Albert B.lord），构建了这一理论——"帕里—洛德"理论，也叫"口头程式理论"。目前，国内学界对"口头程式理论"研究热度并不高，而常用的相关著作是约翰·M·弗里（John M.Foley）著述的《口头诗学：帕里—洛德理论》以及洛德所著《故事的歌手》，分别由朝戈金与尹虎彬所译介，两个译者同时也是国内该理论研究较为成熟的学者。比如：尹虎彬译《史诗的诗学口头程式理论研究》，朝戈金译《口头程式理论：口头传统研究概述》。在尹虎彬译介，朱姆·沃尔特（Zum walt）著作的《口头传承研究方法纵谈》中，译者在文章最后补注："帕里—洛德的学说，它的学术价位、可靠程度、普泛性和可操作性已经在其创立以来的研究实践中得到证明。该学说力图准确地描述口头叙事诗歌的创作和传播过程，以确定它的基本点，然后把这些知识运用到我们所知甚少的古代及中世纪史诗文本的形成过程的研究中。1935年，帕里逝世后，阿尔伯特·洛德将这一研究扩大到世界一百多种语言传统之中，并形成独立的学科。后来的研究集中在口头诗歌的概念、程式和关于以程式、主题进行创作的问题，以及与之相对应的即兴创作、记忆、演唱背景的研究。"[①] 本书的主体章节将会具体介绍这一理论及其背景，在此不做过多赘述。

2."应用语言学"相关研究

传播内容（传播文本）的效果研究，是今日文学传播研究不可回避的重要问题。在数字媒介的传播生态中，文本传播的影响可以说是铺天盖地，其数量之大、跨度之广都是从未预计的。不同的媒介衍生

[①] 罗斯玛丽·列维·朱姆沃尔特：《口头传承研究方法纵谈》，尹虎彬译，《民族文学研究》，2000年第S1期。

了不同的语言空间，语言空间又因传播主体的主观趣味差异而改变，媒介语言也因此会产生复杂的改变。面对这些现状，媒介语言的传播需要专业的语言学科理论来处理剖析。正如曹进的《网络语言传播导论》一书中指出的："网络语言中口语与书面语的集合特征使网络语言更加丰富，可将其看作一种新的媒介。据此大卫·克里斯特尔（David Crystal）认为网络语言是'言语＋文字＋电子媒体属性特征'的混合体，既不是言语和文字的混血儿，也不是口语和文字的简单叠加。"[1]作者不仅指明了网络语言口语化的倾向，还在语言学中找到了它的分析尺度，指出网民在使用网络语言时，一定要遵循日常交往的"话轮原则"，并提出网络语言的动力——模因论，着重研究网络语言模仿、复制、传播的基本规律，为新媒介话语的分析提供了充实的语言学依据。美国学者埃斯科巴（Escobar）则表示网络语言具有"现代社会主义"与"电子科技"的双重属性。网络语言的使用是传统文化的解构，与电子媒体主导下新型社会的构建。[2]与此同时，吉益民在其著作《网络变异语言现象的认知研究》中，运用动态研究的方法，"着重对网络语境中的言语交际进行认知语用分析，分别从交际语境、话语策略、言语行为、会话原则、话轮转换、语用顺应等方面来考察探究网络言语交际过程中的诸多变异现象及其功能动因"。[3]这些丰富的语言学研究理论，为新媒介的话语分析建构添砖加瓦。

3."文学传播与意识形态"相关研究

文学艺术的意识形态性是一个文学的"老"问题。它是马克思的一个重要创见，占据着马克思主义美学的核心位置。从学科分属来说，

---

[1] 曹进：《网络语言传播导论》，清华大学出版社，2012，第14页。

[2] Escobar, A. (2000). *Welcome to Cyberia: Notes on the Anthropology of Cyberculture*. In Kennedy. B & Bell. D. The Cybercultures Reader, Abingdon-on-Thames, Routledge.

[3] 吉益民：《网络变异语言现象的认知研究》，南京师范大学出版社，2012，第2页。

数字媒介传播属于文学传播学，而文学传播学又是文学的分支学科，因而文学意识形态性是数字媒介传播研究的"前提"。具体来看，文学艺术作为内容内在地影响着文学传播，其意识形态性也必然影响文学传播。同时，数字媒介传播与意识形态的关系在数字媒介时代日趋紧密，因而考察文学和媒介传播的意识形态性问题具有必要性。

文学艺术的意识形态性问题最早由马克思在《政治经济学批判》中提出，他认为："随着经济基础的变更，全部庞大的上层建筑也或慢或快地发生变革。在考察这些变革时，必须时刻把下面两者区别开来：一种是生产的经济条件方面所发生的物质的、可以用自然科学的精确性指明的变革，一种是人们借以意识到这个冲突并力求把它克服的那些法律的、政治的、宗教的、艺术的或哲学的，简言之，意识形态的形式。"[①] 在这里，马克思认定艺术是上层建筑，其本质在于"意识"的"形态"反映自身经济基础的变化，这就是文学艺术意识形态性理论的源头。

在其后的时间里，因为法兰克福学派的文艺批判理论的贡献，文学意识形态理论得到了极大的发展。阿多诺（Adorno）的美学理论认为艺术与意识形态之间具有一种复杂的关系："艺术的处境是困难的，它只有克服意识形态体系的静态才能独立自主；但这样一来，它本身也堕落为'对抗性的意识形态'，并且通过自身运动重新会合到它曾经竭力反对过的运动中"，他深刻地指出了艺术自身的矛盾本性，"艺术作为占统治地位的意识形态'体系'的对立面时，是'意识形态'。"[②] 在他看来，艺术既有作为人类自由审美活动的自主一面，又有从属或对抗统治地位意识形态的一面，这一看法在原则高度上是接近马克思的。在相似的意义上，赫伯特·马尔库塞（Herbert Marcuse）剖析文

---

① 马克思，恩格斯：《马克思恩格斯选集第2卷》，人民出版社，1995，第33页。
② 阿多诺：《美学理论》，王柯平译，四川人民出版社，1998，第389页。

学艺术的意识形态本性中的"矛盾运动"因素:"艺术虽然有'肯定的——意识形态的特征',但它仍然是一股异端力量。"① 总体而言,法兰克福学派是基于现代工业社会的文化工业对人的异化这一基本现实发言的,马克斯·霍克海默(Max Horkheimer)在《启蒙辩证法》中说:"文化工业把自己造就成蛊惑权威的化身,造就成不容辩驳的既存秩序的限制。意识形态不仅驾轻就熟地绕过了各种明摆着的假象和真相之间的对立,而且注定会制造出各种扑朔迷离的现象,用来遮人耳目,或者把无所不在且毫无关联的现象奉为圭臬。"② 如果说马克思第一次在源头上提出了这个问题,那么法兰克福学派的学者们则从不同的角度继承和发展了文学意识形态理论。

此后,法国著名马克思主义哲学家路易斯·皮尔·阿尔都塞(Louis Pierre Althusser)又更深入地探讨了这个问题,他认为"一件艺术作品能够成为意识形态的一个成分,也就是说,它能够被放到构成意识形态、以想象的关系反映'人们'(在我们的阶级社会中,即社会各阶级的成员)同构成他们'生存条件'的结构关系保持关系的体系中去",然而同时,"由于艺术作品的特殊职能是通过它同现存意识形态(不论以任何形式出现)的实在所保持的距离,使人看到这种实在,艺术作品肯定会产生直接的意识形态效果"。③ 也就是说,文学艺术的意识形态性除了通过反映现实来表现,还通过反思现实、批判现存意识形态来实现。英国哲学家特里·伊格尔顿(Terry Eagleton)在阿尔都塞的基础上提出了"审美意识形态"的概念并且写作了同名著作,他批判了以康德美学为代表的形式主义美学,反对把美学仅仅理解为

---

① 马尔库塞:《审美之维》,李小兵译,广西师范大学出版社,2001,第10页。
② 霍克海默,阿道尔诺:《启蒙辩证法》,渠敬东、曹卫东译,上海人民出版社,2003,第165页。
③ 陆梅林:《西方马克思主义美学文选》,漓江出版社,1988,第537页。

一种与现实生活毫无关系的意识活动,而是主张"通过美学这个中介范畴把肉体的观念与国家、阶级矛盾和生产方式这样一些更为传统的政治主题联系起来"。①在这里可以看到,马克思之后的西方哲学界基本上还是在他所搭建的理论框架去考察各个社会生活领域来展开马克思的思想。

国内的文艺意识形态理论,"是在'五·四'前后随着马克思主义的传入而发生的。此后它在各个不同的历史文化语境中形成具有不同时代内涵的理论形态,即政治革命语境下的文艺意识形态论、审美转向语境下的文艺意识形态论和文化转向语境下的文艺意识形态论。"②按照时间来看,这一问题最早在20世纪20年代的左翼文艺理论家那里就得到了重视,瞿秋白指出:"每一个文学家其实都是政治家、艺术——不论是哪一个时代,不论是哪一个阶级,不论是哪一个派别的——都是意识形态的得力的武器,它反映着现实,同时影响着现实。"③可见当时已经十分重视文学艺术在意识形态斗争之中的重要作用,而这一斗争又是整个中华民族近代革命的一个部分。1942年,毛泽东做了《在延安文艺座谈会上的讲话》,提出了具有中国特色的文艺意识形态理论,他要求"我们的文艺工作者一定要完成这个任务,一定要把立足点移过来,……移到工农兵这方面来,移到无产阶级这方面来。只有这样,我们才能有真正为工农兵的文艺,真正的无产阶级的文艺。"④而无产阶级的文艺实际上就是要求文艺为革命服务,为工农兵群众的文化和审美需求服务。同时,毛泽东还指出,文学艺术"是

---

① 特里·伊格尔顿:《审美意识形态导言》,王杰等译,广西师范大学出版社,2001,第8页。
② 王磊:《中国语境下的文艺意识形态论》,知识产权出版社,2015,第7页。
③ 瞿秋白:《瞿秋白选集 文艺的自由和文学家的不自由》,人民出版社,1985,第503页。
④ 毛泽东:《毛泽东选集(第3卷)》,人民出版社,1991,第857页。

人民生活在革命作家头脑中反映的产物。人民生活中本来存在着文学艺术原料的矿藏，……它们是一切文学艺术的取之不尽、用之不竭的唯一的源泉。"[①] 即著名的艺术来源于生活的思想。总而言之，无论是马克思、西方马克思主义学者还是毛泽东的文艺意识形态论，都承认文学艺术是一种基本的社会创造和实践，发挥着意识形态的作用。

媒介的意识形态性，特别是媒介与意识形态的紧密关系在现代社会里极度重要，其意义甚至超越了文艺意识形态性。这是因为传播媒介是现代社会生活和政治生活的核心技术，而"技术"正是我们这个时代的"原则"。美国传播学家约翰·B·汤普森（John B.Thompson）指出："有了大众传播的发展，意识形态现象才能成为大众现象。"[②] 而相对于实用主义性的社会科学研究所展现的所谓"客观"态度和立场，法兰克福学派更早地就在文化批判的意义上揭示了媒介对于意识形态控制和政治统治的维护作用，马尔库塞说："我们的大众传播媒介几乎毫无困难地把特殊利益当作一切懂事的人的利益来兜售。"[③] 而媒介传播是如何做到这一点的呢？对媒介作为信息传播和娱乐工具的所谓"中性"面目，他提醒道："人们真的能将作为信息和娱乐工具的大众媒介同作为操纵和灌输力量的大众媒介区别开来吗？"[④] 霍克海默和阿多诺早就向我们表明了："广播系统是一种私人的企业，但是它已经代表了整个国家权力，切斯特农场不过是国家的烟草供给地，而无线电广播则是国家的话筒。"[⑤] 电视广播、影视剧作品更是在其后承担着更为明显的意识形态宣传作用，一个众所周知的事实就是：美国的传播学是在美苏争霸及其意识形态斗争的背景中根据实用主义的需要发展

---

① 毛泽东：《毛泽东选集（第3卷）》，人民出版社，1991，第860页。
② 约翰·B·汤普森：《意识形态与现代文化》，高铦等译，译林出版社，2005，第21页。
③ 马尔库塞：《单向度的人》，重庆出版社，1993，第9页。
④ 马尔库塞：《单向度的人》，重庆出版社，1993，第58页。
⑤ 霍克海默，阿多诺：《启蒙的辩证法》，重庆出版社，1993，第150页。

起来的,这就在本源上确证了媒介传播与意识形态的紧密相关性。美国政治学家安德鲁·查德威克(Andrew Chadwick)认为,互联网技术正是"西方价值观出口到全世界的终端工具。"① 美国学者戴维·罗斯科普夫(David Rothkopf)直言,美国是"世界上唯一仅存的信息霸权国家,美国应该利用互联网信息时代的工具向全世界推行美国的价值观。"② 对传播的意识形态性可谓毫不避讳。而传播的意识形态工具性更是上升为美国的国家战略,白宫在2015年7月发布的《国家军事战略报告》中明确提出:"美国作为互联网的起源地,对领导网络化的世界具有特殊的责任。"③

尽管学界对文艺意识形态理论和媒介意识形态性问题进行了深入而广泛的研究,但其中还存在着一些问题。突出表现为两点:第一,文艺意识形态借助数字媒介传播是新时代的显著特征,而对于数字媒介与意识形态关系的研究还不够深入。已有研究更多地只是把新媒介当作一种"新的旧媒介",还没有意识到新媒介对于意识形态自身的影响甚至是革命性变革。比如王爱玲博士的《中国网络媒介的主流意识形态建设研究》一书,虽然详尽地分析了网络媒介领域内的各种意识形态建设新现象,但却缺失了对作为新媒介的网络媒介的本质分析。④ 第二,对于新媒介传播的特性的深层次的探究略显不足。比如,王一岚试图以"认同"作为联通媒介与意识形态的关键概念,认为"媒介即意识形态……深刻地揭示了大众传媒和意识形态及其建构之间,有

---

① 安德鲁·查德威克:《互联网政治学:国家、公民与新传播技术》,华夏出版社,2010,第34页。
② 田作高:《西方学者对信息时代国际政治演变的探讨.国外社会科学前沿》,上海社会科学院出版社,2001,第78页。
③ The White house, National military strategy, https://www.whitehouse.gov.
④ 王爱玲:《中国网络媒介的主流意识形态建设研究》,人民出版社,2014,第32页。

着建立于认同理论之上的本质关联。"① 但这一论断显然支撑不足,加入一个中介概念反而混淆了两者的直接关联。新媒介的发展所依托的现实依据是什么?新媒介对旧媒介的迅速超越是如何发生的,其背后的时代背景和精神原则是什么?新媒介传播对旧媒介传播是简单升级还是革命性"范式转换"?它们与意识形态的关系又该如何比较?这些问题至今都没有得到完满的回答。第三,大量新媒体的意识形态研究局限于社会政治层面或是国际关系领域,多见于美国新媒体研究学界。比如美国学者詹姆士·贝内特(James Bennete)被广泛引用的《新媒体力量》一文,将新媒体的意识形态局限于草根阶级与既得利益群体的利益对抗。② 当然,这部分是因为技术和现实的发展日新月异,科学研究难以在第一时间就加以理论化的把握。但同时我们又不得不提醒自己,新媒介的出现及其口语化并不是"空中楼阁",而是有其存在的原因和基础,新媒介传播在最深层的意义上必然是整个现代社会生活的核心精神原则的展开和发展。

这一切都引导着我们去深入探究数字媒介口语化的内涵、背景和未来发展。

三、数字媒介口语化的研究思路、问题与意义

1. 基本思路

(1)对媒介环境学关于口语研究的现状进行分析与归纳,主要总结了马歇尔·麦克卢汉、沃尔特·翁、罗伯特·洛根、保罗·莱文森关于口语的观点和成果,同时,在梳理的过程中,以口语为视角将媒

---

① 王一岚:《新媒介情境下的意识形态建构》,社会科学文献出版社,2016,第47页。
② Bennett, W. L. (2003). *New media power*. Contesting media power, 17-37.

介环境学进行脉络的串联，并概括口语化的媒介背景，为之后的媒介话语有关媒介部分的研究奠定基础。

（2）运用学科交叉多视角研究，坚持用思辨的方法将文学与媒介、文艺批评与语言、审美意识与媒介结合，并行研究同一对象。将历史与逻辑结合，借助口头程式理论与应用语言学的结合，尤其对口头程式理论进行特殊到一般性的尝试研究，以及对史向演变的研究，以期还原整个理论的逻辑脉络，找到研究媒介话语的规律与要义。有微观的梳理，又有宏观的把握。每个学科因素都是在动态的演变研究中与其他学科结合，坚持动态分析与静态描述结合。

（3）对媒介话语的话语源进行界定，多用数据与报告提供现象研究现状的有效例证，同时，通过艺术展览的呈现方式，在对未来的话语预测中找到一些思维与想法，以此来丰富论题的意义和指向性。通过运用官方数据尤其是"白皮书"系列的报告，来提供现实分析的合法效力。

2. 主要问题

多视角区分与完善"媒体"与"媒介"的意义，解决意义含混的现象；界定延伸概念"自媒体""新媒体"；分析原生口语文化的研究意义；次生口语文化又是如何与数字媒介话语融合；探索"口语化"的内涵为何物；以及重新部落化后为口语的滥觞现象提供了怎样的基础；未来媒介的变迁中，声音还会出现怎样的走向与发展；口头程式理论具有怎样的现代意义，并与语言学完成了怎样的理论关联；文学传播的意识形态性在数字媒介口语化条件下发生了怎样的变化；数字媒介场域中的各种意识形态具有怎样的新表现等。

（1）主要概念的梳理与辨析。对"口语化"即研究主体进行了概念界定，并提出其二个层次。深入完善与区分"媒介"与"媒体"两个传播学原概念，从内涵与外延的方向进行了梳理。限定话语文本的研究对象，扫描数字媒介的话语。介绍口语的相关概念，尤其是媒介环境学者的相关成果研究以及对学科发展的价值。重述口头程式理论，对程式理论的内容、理论的适用性、理论史向的演变研究进行了新的归纳与梳理，并开发口头程式理论的现代语言学价值以及媒介研究意义。

（2）学科交叉理论结合分析。以口头程式理论与应用语言学理论集合为背景研究数字媒介口语化的口语传播动因、文本创作规律等。具体结合"记忆力与模因论""俭省与认知经济性""话语轮转与IC会话话轮"等证明口头程式理论的语言学应用。

（3）探究语言和传播现象的依据。以口语化的传播、观念、表达为研究背景，在深层次上探究现象背后的时代精神，分析口语化现象与当代意识形态变化的相互关系。

（4）探究在数字媒介话语口语化的趋势下，文学传播与意识形态通过互动各自产生了何种新特性，以传播与意识形态的共生关系为切入点讨论理论上和现实中两者的双向互动。

（5）口语传播的发展预测。如何回应口语回归"忧虑"论，亟待建立口语传播学科。

3. 研究意义

本书研究的首要意义在于在宏观角度下媒介与文学形式融合的新升级，突破了过去媒介与文学的"主体间性"的旧视角。在新的时代要求下，媒介与文学都在不同程度上遇到了较多棘手的状况。通常，这些问题都是在两者构建的共同场域中并行存在的同一事物。而数字媒介话语的研究，是对媒介中的话语做文学层面的审视与分析。这两者的同一性在于，文学批评的文本对象正是媒介内容。媒介作为一个场域、环境，拥有本体衍生的媒介文化与媒介文明。而文学批评本身来自现实社会的镜像反射，社会文明本就涵盖媒介文明。但现实情况中，媒介文明本身并没有特定的批评理论，于是，媒介文明需要文学批评来解构、建构才能更好地发展完善。因此，数字媒介的话语分析将两个主流学科从历史观与现实性的视角嫁接渗透，形成了一套多学科综合交叉的研究方法。

其次，选取数字媒介话语的口语化研究对于传播学本身来说，是新的拓展与深化，增强了媒介环境学的学科力量。因为，这是当下社会现状要求学科必须解决的任务，是学科在当今文明进行中的一个重要命题，这对学科的长久发展起到了极强的推动作用。这不只为媒介研究带来了全新的视野，同时也避免了学科在面对现实问题时僵化固执、停滞不前的尴尬境遇。因此，这种尝试更是媒介意识追踪社会思维变化的积极路径。

另外，本论题的研究对文学同样具有多重意义，它为文学的传播视角研究带来新的路径。本书深入探讨口头程式理论，并将其引入媒介学的视域，用以剖析当前数字媒介最紧要的状况。运用口头程式理论，不仅为媒介学注入新鲜血液，指导研究者选择口语媒介的新发展来解决更多的困惑；同时，为现代语言语用学学科的当前发展带来新活力；引入媒介传播的意识形态性分析，在深层内涵上为文学传播和媒介学夯实依据。这是一次跨学科理论研究的新尝试，力求在一定程度上促进国内文学传播学研究新进展。

本书为山东省社科规划项目研究成果（项目批准号：19DZWJ02）。

第一章 基本概念的辨析及话语应用现状分析

本章的任务和目标是通过对数字媒介口语化论域内的基本概念进行内涵的界定和辨析，奠定本书讨论得以顺利展开的概念"地基"。本书相信这是必要的先行工作，因为若没有清晰而合理的概念界定作为讨论的基础，有效的研究将是不可能的——研究的学术性并不完全取决于概念界定，但离开了后者则无从谈起。同时，对于那些尚存争议以及还在发展变化中的概念，由于难以骤下定论，所以相应的目标就转变为与读者约定本书所认可的概念界定。同时，不同的话语空间代表着不同现实意义的尺度延伸，在本章的最后将对当前媒介应用的现状做出分析。

第一节 新媒介、数字媒介、媒介与媒体

毫无疑问,当代人类生活是近代生活变迁历程的结果,它本质上具有两重性:既包含一以贯之的原则,又展现出不断变化的新特性,而不变的原则正是通过不断变化的新特性作为环节而实现和展开。伴随着新技术对社会生活样貌的革新,传播媒介也在不断地更新之中。走过人类历史衍化的长河,我们今天所到的方位叫作"移动互联网时代"。在任意时空条件下达成人与人的连接,自古以来就是人类梦寐以求的"理想的传播"。"如其运作,则已过时。"新媒介之"新",只能是相对意义上的新。岁月轮转,一切"新"的媒介都将会被视为"旧"的媒介。如何恰当地界定本书研究论题中"新媒介""数字媒介""媒介与媒体"的概念,成了本节的重中之重。

一、新媒介

马歇尔·麦克卢汉(M.McLuhan,1911—1980)从传播的角度将人类历史分为三个时代,分别是:口语传统时代、书面文化时代和电力信息时代。而后加拿大著名传播学家罗伯特·洛根(Robert K.Logan)在三个基本传播时代的基础上又增添了两个,成为智人的5个传播时代理论:(1)非言语的模拟式传播时代(远古之人的特征);(2)口语传播时代;(3)书面传播时代;(4)大众电力传播时代;(5)互动式数字媒介或"新媒介"时代。① 在此之后,丹麦著名学者克劳斯·布

---

① 洛根:《理解新媒介——延伸麦克卢汉》,何道宽译,复旦大学出版社,2012,第24页。

鲁恩·延森（Klaus Bruhn Jensen）将研究重点放在讨论传播实践在不同的物质媒介平台间的变迁上。在《媒介融合：网络传播、大众传播和人际传播的三重维度》一书中，他提出了"三个维度的媒介"理论，"他将身体和工具看作第一维度；将技术（模拟的信息与传播技术）看作第二维度；将元技术（数字信息与传播技术）看作第三维度。"[①]同时，他还指出了这三类物质媒介的原型特征：作为人际交流媒介的人的身体、经典的大众媒介以及数字化的信息传播技术。关于媒介更迭最新的理论，是美国媒介理论家保罗·莱文森在《新新媒介》中提出的当代媒介的"三分说"，即"旧媒介、新媒介、新新媒介"。他指出，"在互联网诞生之前的一切媒介都是旧媒介（old media），……新媒介（new media）是指互联网上的第一代媒介，发轫于20世纪90年代中期。如：E-mail、留言板、BBS、网上书店。新新媒介（new new media）指互联网上的第二代媒介，开始于20世纪末，兴盛于21世纪。它的固有属性是社交，如：博客、维基、脸书、推特网等。"[②]莱文森认为任何媒介的存在都以其社会属性而存在，技术依托的软件与硬件都随着时代蓬勃前行，而莱文森著述这本书提出"新新媒介"概念的时期截止到2010年前后，新媒介技术至此时的几年中又发生了快速变化。莱文森曾预言，"新新媒介的出现和演化都很快，其相对重要性的变化也快到你读本书的时候，我所论述的新新媒介的重要性可能或多或少有所变化。此外，我写书时不存在的新新媒介却有可能在扮演重要的角色了"。[③]

　　本书认同莱文森的分界，认为它适合当下新媒介的讨论。因此，在本书论述新媒介相关问题时，将做如下观念界限的认定。第一，本

[①] 克劳斯·布鲁恩·延森：《媒介融合：网络传播、大众传播和人际传播的三重维度》，刘君译，复旦大学出版社，2012，第63页。
[②] 莱文森：《新新媒介》，何道宽译，复旦大学出版社，2011，第3-4页。
[③] 莱文森：《新新媒介》，何道宽译，复旦大学出版社，2011，第141页。

书默认互联网诞生之前的媒介通称为旧媒介。第二，本书默认将互联网之后，连同今日移动互联终端的第一代、第二代媒介统称为新媒介。相较旧媒介而言的，新媒介依托于移动互联网技术对信息进行着更加真实的呈现和传播。典型的新媒介信息，往往仅仅对原始事件加以简单记录或对头脑中的即时情绪、思想进行直接表达，与旧媒介信息生产不同的是，新媒介信息的产生已经没有了旧媒介时代所必需的专业级别的信息采编和制作。同时，新媒介与大众媒介是有所不同的，大众媒介是"点对面"的单向传播，而新媒介则是"点对点"的交互传播。在这里还需说明，简化媒介的分类，并不意味着忽略或无视相关媒介理论家们对媒介演变划分做出的重要贡献。媒介嬗变的过程，也是人类演进发展的过程。而人类的传播史，更是种族群体繁衍、社交谱系欣欣向荣的社会发展史。因而，明晰传播时代的载体——媒介的更迭界限，对研究人类行为、文化、思维有着重要意义。

在本书看来，所有的"微"终端如"微博、微信"等皆是社交软件口语化心理需求的产物。莱文森曾提出作为"微博人的麦克卢汉"的说法，"在他最重要的著作之一《古登堡星汉》（1962）里，章节的标题或'题解'就是他所作的微博，……言简意赅、格言警句的爆发是他的典型文风；自20世纪60年代起，他的重要著作常有简短到只有一两页篇幅的章节；这实际上就是网络书写（电脑会议）的一种形式，也就是我们今天所谓的博客，他的'微博'写作在互联网和网上交流之前几十年就出现了。"① 细细看来，微博从形式上说就是由简短的书写构成，而这种"简短"正是人类历史中最力所能及的表达方式——口语。麦克卢汉突破了层层文化教育和文字传统的屏障，成就了短信、即时通信以及微博等口语化的表达规范。同时，这种口语化的特点也正是新旧媒介之间的动态跨越标志。新媒介是众多媒介的融合，是我们全部感官的延伸，

---

① 莱文森：《新新媒介》，何道宽译，复旦大学出版社，2011，第141页。

是整个中枢神经系统的提高和外化,并重构人们的感知:在结束了"古登堡人"分割思维后,新媒介人开始走向感官的整合一体,社会和心理的生存动力出现了大面积的改变。我们可以看出新媒体世界里的我们,多数感官外现于新媒介这一技术载体。

  本书的研究要点之一在"新媒介",而在国内的传播学界存在着对"新媒介"与"新媒体"两个概念频繁的混淆与误读。从共时的角度来看,"媒介"与"媒体"两个根基概念若不厘清必然频遇尴尬。此外,对"大众媒介""大众媒体""自媒体""媒介融合""媒体融合"等概念的使用也常出现交叉重叠、界限不明的现象。"媒介"这一概念更是出现多种含义的混乱。可以说,这种"术语多义性"的不规范现象对于学术研究的危害是极其明显的,对传播学科的建设来说,基本概念的滥用对理论研究以及传播实践往往构成学术硬伤。本书所论述的"新媒介话语"在本书看来,所谓的"新"具有时间相对性,这些概念的明晰始终绕不过对"媒介"与"媒体"的意义厘清。因此,明确这两个用语的范畴规范,不只具有极强的现实意义,同样更是本书论述得以顺利展开的基点。

二、数字媒介

  社交媒介交互技术迅猛推进,网络重新架构视听空间,移动终端技术整合媒介、媒体、传统语言文字、图画、音频、视频等承载方式和表现形式为一体,外化于数字媒介的语言表现,以数字口语符号凸显新技术下的话语口语化。所谓数字媒介,一般指接收、存储、传播以数字的形式存在的内容及其设备。它借由互联网和移动终端实现信息的双向传播,拉近传播者和受众的互动交流,以数字格式形成不同元素的组合,实现数字媒介传播的元素化、互动化、主动化和智能化的选择。在数字媒介发展的大背景下,次生口语文化的内质得到外延,不仅是早期诸如电报、电话、广播等电子传媒下衍生出来的新口语文化,也是数字视听媒介中表现语言的可能,具有数字口语化的表征,同时拥有口语传播的社会性和历史性。

1. 数字媒介下听、说的感官世界的回归。人作为被社会环境及媒介环境环绕的一部分,两者的发展变迁更新人类的生存环境和视听选择,接收信息技术的革新不断重塑人类关于世界的感知,作为人际沟通输出形式的口语也相应产生不同的文化特征。麦克卢汉把人类历史分为部落、文字、印刷和电子四个时代,在不同时代不同视听技术参与的文化历史中,口语文化也历经口耳相传、视觉兴起后听觉口语退避、广播电视媒介下口语传播、数字媒介口语文化大发展等多个历程节点,始终作为人类最基础、最原始的传播形态,与视听符号融合入场,助推人类情感发展。

从历史横向层面看,传统媒介生成的原生口语文化注重记忆与传播,因而需要短而洁的口语表达和便于记忆的人物、事件特征,如不懈逐日的夸父、智多近妖的诸葛亮、朗朗上口的神话传说等;文字媒介时代,口述记忆不再是唯一传播的途径,文本选择令话语组合须适应文本创作和传播的需求,原生口语文化逐渐消弭;然而,尽管口语文化在文字印刷传播技术大爆炸中不得不遵循视觉技术的规则,更改自身结构以切合视觉文本的发展,甚至在文字视觉兴起后听觉输入和口语输出渐退,但在媒介时代,新旧媒介联合共建,给接受者形成包围性感知,打造出新的传播格局,演化出新的传播生态。数字媒介技术加持下的文化需要的不仅是人物塑造,更需要视听系统的综合盛宴。电影电视技术不能只有文本而无声音,也不能只有画面而无配乐;广播剧、有声小说的兴起也从听觉角度证实数字口语在文化系统中的地位。电子技术重建视听空间,广播、电视、电影、互联网等数字媒介把文字、图像、声音等转化为数字符号，借助网络平台给人类带来视觉、听觉冲击。声、画、字三者结合，借由数字媒介传播技术为接受者提供数字化生存体验。在这一过程中，听觉不再位于视觉之后，口语亦不再隐退，听说感官世界在数字媒介中回归，并借助社交媒介跨越时空、无视远近，进入社交网络空间，实现社会交往。

2. 数字媒介下口语传播的交互性。媒介环境学大师沃尔特·翁认为，书面语在传播方面不如口语有效。于此基础之上他提出了口语性。口语性在不同文化时期有不同内涵，数字媒介时代，我们更愿意将之与视听系统相融合，建构互动型口语传播。

作为人与人之间最基础的沟通方式，口语在数字媒介技术中展露出更多的交互性。互联网等媒介的便捷化降低了交流所需的话语主体门槛，相隔万里的话语主体跨越真实与虚拟的边界在数字社区实现多维度、跨时空互动，在数字媒介信息传播中掌握了话语主动权。在话语主体自身身份及受教育程度不同的背景下，文本规则在此时无法成为交流的限制，自由形式的口语组合代替书面语成为输出的主要形式，加之数字媒介智能化、自主选择性和跨时空的特质，使得口语传播呈现即时、多主体、多维互动的表征，口语本身的多变相性在数字媒介传播平台构建的新语境下表露为由线性传播的方式转换为非线性传播，一改传统的单向直线流通方式，实现传播时间全时化、传播内容碎片化、传播声音多元化。

在全时、即时、多元的传播环境中，口语借助数字媒介转换为网络化口语符号，在互联网平台完成了主体间的信息互动。譬如，微信、QQ等即时语音传播，口语在其中通过语音输入按键实现数字化和语音储存，接收者不仅可以即时听取，也可以跨越时间的障碍延时接收，更可以转化为文字进行传播交流；不仅如此，知乎、微博、论坛的问答式话题互动，抖音、快手、B站（哔哩哔哩网站，简称B站）、西瓜视频等平台直播式口语互动，短视频拍摄语境下话语的口语化传播，文学创作评论区、本章说、作者说等评论型话语互动，以第二视角为主的互动类游戏及互动视频等，在诸如此类的口语传播过程中，数字媒介充当传播平台将人际沟通关系带入网络社交系统，话语主体在多维交互中推动数字口语文化的发展。

三、媒体与媒介

本小节对主要概念"媒介"与"媒体"进行外延及内涵的意义厘清：内涵上，从传统视角——中英互译、语义、传播，以及创新视角——哲学等四个层次分别界定了它们的意义和区别，解决意义含混的现象；外延上，梳理新概念："自媒体""新媒介"的意义。

1. 传统视角：互译、语义与传播

"媒介"与"媒体"是翻译词，业界认为这两个概念主要来自英文单词"Medium/Media（复数）"，因为对"媒介""媒体"两个概念的混淆，导致最初学界也未在两者的中英互译中做出明确的对比。最初一些尚未研究成熟的文章中认为"媒体"与"媒介"无区别，"media""medium"也无差别。后来，杨鹏（2001）指出英语中的"medium"对应"媒介"一词，"media"是指"大众传播媒介作为传播机构和传播工具的总和。"[①] 至此，学界还是未明确提出英汉互译中二者的区别。直到李炜、谢娟（2011）指出："'medium'是强调'介质'、'中间物'等物质层面，近似于中文里的'媒介'。而根据词典对'media'的解释，'media'则主要有'大众传播工具，如电视台、电台、报纸'之意，更接近于前文

[①] 杨鹏：《厘清"媒介"观念，规范学术术语——兼及"媒体""新闻媒介"等概念的辨析》，《当代传播》，2001年第2期。

所述的'媒体'。"①但对于作为复数的"media"时,该译为"媒体"还是"媒介",作者并未说清。不久之后,谢金文、邹霞(2017)将这个界限明确,提出"媒介"在传播领域中,一般与英文的"medium"相对应,而"媒体"一般对应英文单词"medium"的复数"media",但这并不能涵盖所有。也就是说,媒体可以对应"media",但是反过来是不可行的,因为"media"也可以单指"所有(广义)媒介的复数",但是它却不能指"大众媒介的复数(大众媒介是指狭义的媒介)"。"媒体"一般对应英文单词"medium"的复数"media",但又不尽然。"Media"是所有媒介的复数,而不仅仅是大众媒介的复数。"如麦克卢汉的代表作之一《理解媒介——论人的延伸》,这里的"Media"就不是仅指大众媒介的复数,故不能译为媒体或传媒。"②

所谓"语义学角度"也可以理解为"词源角度",需要回溯到媒介发展史的早期来寻找答案。众所周知,在大众传播尚未形成的时期,传播的过程还不需要传播主体(包括传播者、传播集体和传播规范)的完整参与来对传播效果贡献影响力,相反,得到重视的是"传播中相对客观独立存在的传播物质形态","因而,'媒介'概念的诞生主要用于描述单纯地使两种事物发生关系的中间介质的人或事物"③。在这里我们可以看到"媒介"相对于传播主体的客观独立性。"媒""介"都偏重"传播过程中的物质与载体"的意义指向,其实,"媒介"的用法应该是十分开放的,任何可以让人与人、物与物、人与物两者之间发生关系的事物都可以称为"媒介"。这样看来,似乎可以称为"媒介"

---

① 李炜,谢娟:《"媒介"、"媒体"及其延伸概念的辨析与规范》,《武汉理工大学学报(社会科学版)》,2011年第5期。

② 谢金文,邹霞:《媒介、媒体、传媒及其关联概念》,《新闻与传播研究》,2017年第2期。

③ 李炜,谢娟:《"媒介"、"媒体"及其延伸概念的辨析与规范》,《武汉理工大学学报(社会科学版)》,2011年第5期。

的事物是无所不在，随处可寻的。比如物理学上可以使光产生折射的媒介，生物学上作为病毒传播的媒介，化学意义上使两个性状产生反应的媒介，等等。而这种现象直接映射在麦克卢汉关于媒介的观点中："任何媒介或技术的'讯息'，是由它引入的人间事物的尺度变化、速度变化和模式变化。"①

事实上，这种泛媒介的观点自它初露面目就在学界引起了强烈的影响，而今日，又有了新的发展。彭兰于2016发表《万物皆媒——新一轮技术驱动的泛媒化趋势》，文中指出过去的时代一直处在"信息传播必须依赖特定媒介"这一现状，"而新一轮技术浪潮，将使得'媒介'与'非媒介'之间的界限淡化、模糊，未来甚至会消失。一个万物成为媒介的泛媒化时代，正在到来。"②简单理解就是物体正在媒介化，事物都可以在技术的支持下"认知化"成为真正意义上的即时"媒介"，这种"媒介"并不是物理、化学意义的广义媒介介质，而是以事物本身为载体依据人工智能技术可以实现传播学意义上的"媒介"，而这种技术是以物联网、人工智能、云技术等新技术为前提的。伴随着科技智能的迅猛发展，未来的"媒介"还会发生更多的改变。但这并不代表"媒介"成为没有意义的概念。也并不代表说"万物皆媒"，新旧便失去了常态，媒介变成了无法量化的事物。这里，彭兰着重强调人与物的终端化，媒体对人的延伸尺度的加深，而并不是媒介是万物这样的说法。

根据彭兰的观点，泛媒化终将引起人与物的共生关系，而这时，媒介也会产生新的维度意义，新旧媒介又会在此产生分化。毕竟，研究"媒介"的意义，是与时间赛跑，是一条任重而道远的路途。与此反观，"媒体"的意指范围仿佛要小很多。根据上文所述，媒介在前大

---

① 麦克卢汉：《理解媒介：论人的延伸》，何道宽译，商务印书馆，2000，第33-34页。
② 彭兰：《万物皆媒——新一轮技术驱动的泛媒化趋势》，《编辑之友》，2016年第3期。

众传播时代的地位是不可撼动的，但当进入大众传播时代的维度后，我们发现"媒介"的客观独立性已经荡然无存，因为随着传播主体地位的上升，其社会参与性已经成为构成传播过程的重要一环，所以，开始代表传播主体的"媒体"概念由此诞生。而现代汉语中对"媒体"的解答更偏向工具性，简单点就是"传播信息的工具"。也就是说，媒体更侧重于物质载体。

从传播角度分析，美国著名学者哈罗德·拉斯韦尔（Harold Lasswell）在《社会传播的结构与功能》中提出了著名的传播5W模式，这个模式非常详细地阐述了传播过程和基本构成要素（表1-1）。

表1-1　传播5W模式

构成		对象化
Who（谁）	→5W模式→	控制（传播者）
Says What（说了什么）		内容（传播信息）
In Which Channel（通过什么渠道）		媒介
To Whom（向谁说）		受众
With What Effect（有什么效果）		效果

从这5个重要环节中，可以看到"媒介是联结传者与受者的桥梁、纽带，是信息流通的渠道，它既是传者争取传播效果的必要手段，又是受者获得所需信息的唯一途径。"[①] 杨鹏（2001）认为："在技术媒介中，传播规模小、以个人为传播单位的，称作个人媒介，如电话、电子邮件"；"传播规模大、以职业化的传播机构为传播单位的，称为大众传播媒介"。[②] 将"传播机构、单位"称为大众媒介只能说学者囿于当

---

① 杨鹏：《厘清"媒介"观念，规范学术术语——兼及"媒体""新闻媒介"等概念的辨析》，《当代传播》，2001年第2期。
② 杨鹏：《厘清"媒介"观念，规范学术术语——兼及"媒体""新闻媒介"等概念的辨析》，《当代传播》，2001年第2期。

时的技术限制，未能预见到媒体终端的力量。而李炜、谢娟看到了这个问题并指出："大众学科视野下的'媒介'之内涵一方面可指传递信息的手段、方式，如语言、文字、声音、图像等；另一方面可指传递信息的载体和样式，如报纸、杂志广播、电视、互联网络、手机等载体，以及博客、QQ等样式……'媒体'内涵应侧重于指专门从事信息采集、加工、制作等的社会组织和机构，如电视台、广播台、报社、出版社、杂志社等。"①其实，随着传播生态的衍生进展，"媒介"与"媒体"的关系也在发生着微妙的改变，偶尔的混淆和误读也是频发现象。紧接着，万莹（2017）提到她并不认可李炜将"传递信息样式和载体"放在同一层次来解释"媒介"的第二个内涵。她认为："各类载体的外在表现形式无不渗透着其背后团队的思想和态度，在载体的表象下隐藏的是创作人员主观的态度……因此本书认为表现出人类主观思想的载体被称为'媒体'是更加合适的。"②（这一点的争议，涉及"媒介"与"媒体"何为"形式因"与"质料因"的问题，本书在下一节"哲学角度"中已做出详细阐述。）

而目前对两者中英译、语义以及传播角度定义较为客观的应是谢金文、邹霞（2017）的《媒介、媒体、传媒及其关联概念》一文，此文虽然未从"媒介"与"媒体"的区别比较中为两者正本清源，但对于规范学术关键词的意义使用，还是起到了重要的指导和规范作用。文中认为："'媒介'在一般使用中，是使双方（人或事物）发生关系的各种中介，在传播领域中，指传播内容，或者说信息（广义上的）的物质载体。……在具体使用中，medium（媒介）可指：单数名词，指单个的传播媒介；抽象的类名词，即传播媒介的总和；……'媒体'

---

① 李炜，谢娟：《"媒介"、"媒体"及其延伸概念的辨析与规范》，《武汉理工大学学报（社会科学版）》，2011年第5期。
② 万莹：《媒介、媒体概念辨析》，《青年记者》，2017年第28期。

的'体'字,由'媒体'指大众传播媒介的集合体,即某一种、而非某一个大众媒介。……'媒体'在过去仅指大众媒介的集合体,而现在新媒体与非大众媒介也融合在了一起,……既有许多大众媒介,也有人际、组织、群体传播媒介。"①

2. 创新视角:形式因与材料因

李炜、谢娟(2011)试图以"主观性"与"独立性"、"独立性"与"社会性"来区分"媒介"与"媒体"的概念。认为"以哲学视野的眼光来看,'媒介'与'媒体'实则是一对相对性概念,所谓的'媒介'之'客观性'与'媒体'之'主观性'以及'媒介'之'独立性'与'媒体'之'社会性'都是相对而言的……通过这种相对性来界定和划清'媒介'与'媒体'各自的指涉对象和圈定范围……具有非常积极的意义。"②之后,万莹(2017)也认可这个观点,提出:"从词义来看,'媒介'与'媒体'各有侧重,媒介更偏重客观物质,媒体更侧重主观想法。"③但是,以上观点在本书看来确有值得商榷之处。

首先,媒介与媒体都是客观实在物,都是由人通过技术创造而来,并不是主观意识的能动性就能决定的,所以说媒介与媒体有主观与客观之分,实在牵强。而媒介与媒体的"独立性"与"社会性"的相对,需要更多分辨。作为一个拥有独立出版权与制作权的"媒体"单位,它不止拥有社会性,更拥有独立性。而作为一种可以推动社会发展的"媒介"形式,它的存在就是以社会为辐射范围的。所以,独立性与社会性都是"媒介"与"媒体"共同拥有的属性,以它们作为标准来论

---

① 谢金文,邹霞:《媒介、媒体、传媒及其关联概念》,《新闻与传播研究》,2017年第3期。
② 李炜,谢娟:《"媒介"、"媒体"及其延伸概念的辨析与规范》,《武汉理工大学学报(社会科学版)》,2011年第5期。
③ 万莹:《媒介、媒体概念辨析》,《青年记者》,2017年第28期。

断,确实不能做到深刻阐述。而万莹提到的客观物质与主观想法,更是将媒介与媒体向物质与意识形态归类,媒体在当今社会更常见于传播机构,还有各种技术终端集合,这是实体产业与主观意识的区别,所以,万莹的观点本书作者看来更是难以认同。

其实,从哲学的角度来分析"媒介"与"媒体",还有更适合的切入角度。在《形而上学》一书中,亚里士多德认为世间的万事万物的存在都是有原因的,包括"目的因"(final cause)、"动力因"(efficient cause)、"形式因"(formal cause)和"质料因"(material cause),这就是著名的"四因说"。任何事物的存在与呈现都是四种因素综合作用的结果。从这个角度来分析,传播活动的由来一定也由这4种因素促成。

首先,传播与交流是这个过程的"目的因",整个传播过程以信息的传播为最终的目的。其次,传播参与者的活动是"动力因",传播过程因为传播者的推动而发生。再次,是传播的"形式因"与"质料因"。其实,媒介与媒体概念的意义含混往往是因为没有厘清"形式"与"质料"的区分。就传播活动而言,传播的形式是由媒介决定的。比如,在印刷术的时代,信息通过纸媒传播,传播的形式受制于书刊报纸等媒介形式。而影像技术时代的传播则突破了平面媒介而升级为生动立体的影像传播,这当然归功于电子媒介技术的发明。也就是说,媒介决定着传播活动的形式,所以,媒介是"形式因"。而整个传播过程需要负载于某个实体、质料,以此呈现传播活动的存在,传播过程一定承载于一定的媒介技术实体即媒体,因此媒体是"质料因"。所以媒介与媒体的差别是形式与质料的差别。

放到具体的社会形态中,也可以如此理解:媒介是传播技术本身,而媒体是传播产业。媒体相较媒介更为具体,是外在的实体、实相;而媒介相较媒体更为抽象,更贴近传播概念本身。媒介是传播的生产力,而媒体就是产业集群和产品集合。

四、自媒体与新媒体

随着移动互联终端等信息技术的剧烈发展，微信、微博、博客的盛行，人人都成为传播者，于是，一股平民传播的热潮逐渐兴起，这时，"自媒体"横空出世。这些构成"自媒体"的数字媒介开始成为平民传播的工具，并打破了以往信息话语被极少数的职业媒体把关人所垄断的局面。此观点同样出现在英国学者唐尼（Downey. J）和芬顿（Fenton. N）的研究中，他们发现自媒体赋予了每个人传播信息的权利，包含社会的少数群体，例如极端左派或右派。[①] 虽然主流媒体的声音依然未削弱，但人们已不再依据同一个模式思考和言说，而是对事情做出更多自己独立的判断，"有话要说"成为每个人的权利，也成为每个人的习惯。这就刷新了传统的"从点到面"的主从传播方式，而代之以"从点到点"的对等式传播理念。每个人都可以在网络上发布文字、音乐、图片、视频等信息，创建属于自己的"媒体"，可以说人人是媒体，个个是记者，处处是现场，时时可发声。与之相应，传播学界也兴起了"公民记者"的研究潮流。伦敦政经学者贝克特（Beckeet. C）和曼塞尔（Mansell. R）的研究揭示了这一潮流。[②]

近几年来，"自媒体"这一说法方兴未艾，学术界也总有误用的现象，其重要原因还是来自对核心概念"媒体"与"媒介"的意义混淆。自媒体在美国学界可以被定义为"we Media"或"citizen journalism or web 3.0"，并成为美国传媒新闻界近几年的热议。2002年年底，专栏作家丹·吉尔默（Dan Gillmor）首先提出"we media"（自媒体）的概

---

① Downey, J., & Fenton, N. (2003). *New media, counter publicity and the public sphere.* New Media & Society, 5(2), 185-202.

② Beckett, C., & Mansell, R. (2008). *Crossing boundaries: New media and networked journalism.* Communication, culture & critique, 1(1), 92-104.

念，同时丰富了"新闻媒体 3.0"的概念；随后美国新闻学会下属的媒体中心于 2004 年 7 月出版了由谢因·波曼（Shayne Bowman）与克里斯·威理斯（Chris Willis）联合撰写的"we media（自媒体）"研究报告，标志着自媒体概念的诞生。在国外对自媒体的研究中，往往将自媒体归为社交媒介，所以大部分学者更倾向于讨论社交媒介的实用性，以及挖掘社交媒介的更多功能和意义，对自媒体研究甚少。

李炜、谢娟在《"媒介"、"媒体"及其延伸概念的辨析与规范》一文中就自媒体主体身份进行了讨论。文中认为"很多人就把博客、播客、微博以及论坛等同于自媒体而加大论述，而忽略了博客、播客及微博等只是一种媒介形态和样式，只是我们（we）用以发布和传输信息的工具和手段，本身不构成媒体，而真正的'自媒体'（we media）——应该是作为主体的人（we）与博客、播客等媒介样式（medium）的总和，单一的博客、播客不构成'自媒体'。因而，在研究'自媒体'时，我们不仅要把眼光聚焦于媒介样式（medium），更重要的是专注行为主体（we），两者共同结合，才能成为真正的自媒体"。①

其实，这段话不仅规范了"自媒体"的界限，同时，从根本上区别了"自媒体"与"新媒介"的区别。上文已默认将互联网之后连同今日移动互联终端等第一代、第二代媒介通称为数字媒介。因此会产生这样的疑问，既然自媒体主要依附于微博、微信等新的媒介，而本书的研究话语基本来源于这些数字媒介的语言景观，那为何本书论述题目聚焦于"数字媒介话语"而不是"自媒体话语"呢？原因是：首先，据以上对"自媒体"的意义表达，自媒体强调"媒体"，强调主体与新的媒介结合之后所成立的媒体单位，它可能是个人也可能是机构，但着眼点还是在主体。其次，本书着重研究当下数字媒介的语言生态

---

① 李炜，谢娟·《"媒介"、"媒体"及其延伸概念的辨析与规范》，《武汉理工大学学报（社会科学版）》，2011 年第 5 期。

现象，更强调在媒介本身这种样式所衍生的话语审美分析，所以说根本点在媒介形态，它既不是某个特定媒体单位的话语现象，亦不是某个媒体人的话语习惯，更多追求一种普遍性。所以本书研究视点与"自媒体"在本质上还是不同的。但有一点我们应该明确，"数字媒介"的应用是包含"自媒体"的。

实际上，"新媒介"与"新媒体"这两个概念是如今学术概念滥用的重灾区，本来，"媒介"与"媒体"概念就存在严重混淆，"新媒介"与"媒介"又存在衔接的不准确，以此延伸出的"新媒介"与"新媒体"两概念更是难以捋顺，学界似乎放弃了对它们深层分辨，已然将这两者混为同一事物。

其实，"新媒体"这个概念，是近些年学术界内外的热点话题。最近出版的"新媒体蓝皮书"系列中的《中国新媒体发展报告（2017）》，主要集中于中国"媒体融合""网红经济""政务微博矩阵""虚拟现实""新闻无人机""互联网国际舆论""视频付费""网络电影""网络直播""网络信息安全""电视媒体融合发展""新媒体版权""政府网络传播"等重要问题。从中可以看出该书对"新媒体"的定位还是比较准确的，基本立足于新型媒体的行业以及相关产业的具体现象。其实，正如上文所讨论的"新媒介"有"新"与"旧"的相对性，就不难想到"新媒体"还会有"新"与"旧"的真伪性问题，"新媒体"再次成为一个广受争议的概念。"有人说这是个伪概念，任何媒体刚出现时都是新媒体。有人说传统媒体只要内容新，就是新媒体，数字媒体只要内容旧，也是旧媒体。有人则用数字化、多媒体、无限容量、无限时空等许许多多定语来界定新媒体。窃以为，新媒体就是以数字技术为基础的新型媒体，以多媒体进行的双向互动传播。"[①] "新媒体是相

---

① 谢金文，邹霞：《媒介、媒体、传媒及其关联概念》，《新闻与传播研究》，2017 年第 3 期。

对于传统媒体而言的,是报刊、广播、电视等传统媒体以后发展起来的新的媒介形态,是利用数字技术、网络技术,通过互联网、无线通信网、卫星等渠道以及电脑、手机、数字电视等终端,向用户提供信息和娱乐服务的传播形态和媒体形态。严格地说,新媒体应该称为数字化新媒体。"[1]

鉴于上文对"新媒介"做了论述,本书认为"新媒体"应有如下解读。

首先,新媒体是传统媒体的延伸和发展。新媒体有传统媒体的基本属性,进行信息生产与传播;同时,还兼顾了新传播时代的重要要义,巩固群落社交需求,能够为用户提供优质的信息品质是新媒体的独特优势,而信息品质的提升关键在于信息内容与信息呈现方式的要求。在信息呈现方面,新媒体着重强调互动这一典型特征。在信息内容方面,新媒体的具体优势在于其广泛的信息形式为高质量的内容选择提供了支持,使优质内容成为基准。新媒体还以技术驱动为引擎,善于融合各个领域的先进技术,如 3D 技术、大数据、云计算、全息技术、量子力学等。其次,新媒体以用户需求为主导,以服务、开发用户最大价值体验为终极追求。也就是说,新媒体作为媒体机构始终围绕用户服务,以终端端口的用户反馈为技术发展的侧动力,用户体验的不断演变催生了媒介源头的生发泵,并推进媒介的根本变革。

第二节 "原生口语"与"次生口语"

口语自史前文明至今,其形式历经千年演变。当然,"今日的"媒介口语与前文字时期中的口语仍有差异。前文字时期的口语更趋向于

---

[1] 宫承波:《新媒体概论》,中国传媒大学出版社,2009,第17页。

形态各异的民族语和地区方言，因未受到印刷术的统一，就算是同一个民族的每个分支、每一个村落都有其特殊形态的口语。其实，印刷术之前的口语都是方言。而印刷术出现之后，口语就变得不伦不类，成了附属物。而今日，口语在新的媒介帮衬下再显张力，但它究竟又为何物，它与前文字的口语又有什么关系，沃尔特·翁在此提供了深入的研究。

一、口语的复活："次生口语"

美国著名媒介环境学家沃尔特·翁曾提到：前文化的口语文化在特定的意识框架里运作，书面文化的到来使古人的思维方式发生重大的变革，电子时代和数字时代的来临使口语文化以新的形态得到复活。他还创造性地提出了原生口语文化和次生口语文化两个概念：

原生口语文化是指："文字产生之前或文字使用之前的社会文化，包括所谓古今'蛮族'的文化。""所谓原生口语文化，就是不知文字为何物的文化。""所谓原生口语文化，就是尚未触及文字的文化"，"我将毫无文字或印刷术浸染的文化称为'原生口语文化'"。[1]

次生口语文化是指："电子时代又是'次生口语文化'的时代，电话、广播、电视产生的文化是次生口语文化"，"次生口语文化也产生强烈的群体感，因为听人说话的过程是聆听者形成群体的过程。但次生口语文化产生的群体比原生口语文化的群体大得多，甚至于难以估量——这就是麦克卢汉所谓的'地球村'"。[2]

原生口语文化的提出使得前文字文明的地位显著提升，之前多数

---

[1] 沃尔特·翁：《口语文化与书面文化：语的技术化》，何道宽译，北京大学出版社，2008，第6-7页。
[2] 沃尔特·翁：《口语文化与书面文化：语的技术化》，何道宽译，北京大学出版社，2008，第7页。

人类学、民族学、民俗学等研究初民社会的学科都习惯用些负面且不尊重的词汇，如"野蛮人"来指称这个文明，从这一点看来，沃尔特对原生口语文化的贡献是巨大的。对于次生口语文化来说，它"次生"的角度来源于两点：生存环境和生存起源。次生口语文化源于原生口语，依附于电子媒介。首先，次生口语文化是建立在虚拟的信息空间中的，其中语言表达的媒介技术革新使语词嵌入信息空间的程度逐步加深，汇入一轮又一轮的信息流，经层层加工，语词的分析效果最终达到序列的最优化。与此同时，人们的意识被提升至次生口语文化的时代层面。这里的次生口语文化更加注重自觉，群体心态也是自觉的，次生口语文化在经历了文字序列性思维的影响后，变得更加敏感，对秩序有着自发性。同时，次生口语文化仍然产生着与原生口语文化一样强烈的"群体感"，但原生口语文化的人们习惯于思维向外转，因为没有文字就没有独立意识，他们并无内部世界可发觉。但次生口语文化早已完成了内部世界的构造，重新开始向外部世界对话。最后，次生口语文化仍然显示出与原生口语文化更多的相似，最突出的便是套语的使用，即口头程式的运用。

　　沃尔特·翁创造性地区分了口语文化历史发展过程中的意义混乱，他的《口语文化与书面文化：语词的技术化》也被译者称为"彻底破解了荷马史诗和口语文化的千古之谜"，作者认为各民族史诗是人类文化的源头，是口传文明的巅峰，也是重要的遗产，研究口语文化就不可回避对史诗密码的解读破译，因为它们至今仍然在影响着我们的话语与思维。沃尔特在这部书中明确表达了自己的遗憾，他认为原生口语中的思维结构是至今激励着次生口语文化发展的关键因素，但他未能详述次生口语文化的存在面貌，他指出次生口语文化与原生口语文化的关系模型仍是一个巨大的课题，但在此书仍未能彻底解决。但是，他为后来研究者开出了一条极为重要的思路，即是从原生口语文化的程式结构和思维动力中找到金钥匙，以此来打开次生口语文化的大门。

以两种口语文化为基础，后来的罗伯特·洛根（Robert K. Logan）又提出了第三种口语即数字口语。他认为数字口语就是电子邮件、短信的口语。数字性是第三种口语的源头，以互联网为中介、基于文本交流的这种口语就是"后次生口语文化"，即数字口语，数字口语是叠加在口语与书面语文化之上的口语。这一观点本书并不认同，事实上，沃尔特的原生与次生口语文化理论有强大的包容力，次生口语文化用以建构"重新部落化"之后的媒介环境语言恰当有力，厚积薄发。洛根提出的数字口语与次生口语文化界限并不明确，只是基于具体媒介的时间效果及使用效果进行区分，并未从话语主体的身份认同进行区分，实在有些牵强。所以，本书在研究新媒介话语的口语化中，主要依据于沃尔特的理论，同时，将在以下通过详述口头程式理论，来提供次生口语文化即数字媒介话语口语化研究的新视角。而在这之前，将原生口语文化这一打开次生口语文化"金钥匙"的特性进行细致解读，更是十分必要的。

二、作为原生口语镜像的"史诗"

在《口语文化与书面文化：语词的技术化》一书中，沃尔特·翁指出：在原生口语文化里，思维和表达往往呈现出九大特征："附加的而不是附属的""聚合的而不是分析的""冗余的或'丰裕的'""保守的或传统的""贴近人生世界的""带有对抗色彩的""移情的和参与式的，而不是与认识对象疏离的""衡稳状态的""情景式的而不是抽象的"。本书将选取其中八大特征与史诗文献相结合讨论。

1. 附加的而不是附属的

附加性的口语结构更加突出口语叙事中表达对象的指代灵活以及表达要素更换灵活的特点。书面文字句法严密精巧，语法结构匡正，代代文人都追求将诗句凝练到精妙绝伦，期望更具深远性的意义抒发。而口语是一个活在场景里的"别里科夫"，失去了语境口语将无从表达。所以，口头话语期望语言在接下来的叙事序列里，以最快时间将最重要的表达要素呈现出来，以致这种口语习惯在日后书面文字的发展中还留下了大量的口语遗存。在《诗经》中，附加性的结构也是随处可寻。"彼处者莪，壹发五豝……彼处者蓬，壹发五豵。"两个"彼"的使用，使第二段自然地附加于第一段的表达，"那茁壮的芦苇一大片……那茁壮的蓬草长满地"。

2. 聚合的而不是分析的

显而易见，在口语的表达中并不对逻辑思维有更多要求，人们的表达更倾向于罗列排阵、浅层的陈述，更倾向在结构中寻求完整，心理强迫出口的话语必须整齐，方能达到传播效果。"基于口语的思维和表达的构造成分往往不是简单的'整数'，而是整数的聚合，这些'整数'有相似的词语、短语或从句，有对仗的词语、短语、从句或名号。"[①]为了增强在语音传递中的指称重视，口语文化民族为这些指称填加上复杂的套语和前缀，"灿烂的埃奥斯的光辉的儿子"[②]"巉岩嶙峋的伊塔卡的众多首领"[③]"饱受苦难的奥德修斯的根根矛枪"[④]。

---

① 沃尔特·翁：《口语文化与书面文化：语词的技术化》，何道宽译，北京大学出版社，2008，第 7 页。
② 荷马：《荷马史诗·奥德赛》，罗念生，王焕生译，上海人民出版社，2015，第 11 页。
③ 荷马：《荷马史诗·奥德赛》，罗念生，王焕生译，上海人民出版社，2015，第 10 页。
④ 荷马：《荷马史诗·奥德赛》，罗念生，王焕生译，上海人民出版社，2015，第 6 页。

但是，根据书面语的文字习惯，这些对象的属性一定是被逐一分析出来，而不是一股脑地罗列在对象前缀，这或许就是口语传播中，话语有效力的重要方式。毕竟，在没有文字之前，话语就是声音，话语结束也代表着声音的消失。表达只能停留在记忆中，无法瞬时返回，无法有秩序地分析与阐释。文字作为客体符号与口语作为主体存在而言，职能发生了重大改变。文字与读者之间，存在着主体间性。而说出的话语与主体之间，我们甚至找不到主体间性的范围。这就是口语表达的思维特征，套语与套语的集合。《国风·卫风·淇奥》中"有匪君子，如切如磋，如琢如磨。……有匪君子，如金如锡，如圭如璧。"对仗的词语，组合的描述，从中我们也可以看出：口语文化的先民们并不喜欢中性的、沉稳的白描，仿佛更愿意用谦谦君子、窈窕淑女这样的词语，将表达描述到极致的完美，这与矜持现实的文字记述形成了鲜明的对比。

3. 冗余的或丰裕的

从口语者的心理动力出发，目的就是维持不能间断、不可忘却的思维。在口语文化里，语境无法再现，即使重述也会存在记忆的歧义和错位。为了从头到尾连贯地讲述，我们不得不借助冗余，不断地重复刚才的话语，为下一句话的思考提供时间，让听者的思维一直跟随，不偏离。冗余不是废话，有人说你写的文章废话连篇，因为在书写文字里，阅读允许停顿、允许回看，没有次数的限制，简单凝练的文笔可以更加富有逻辑性，条理清晰；若大篇幅地陈述一个逻辑，读者一定在心里抱怨："我已经明白了，为什么你还在写，我真的知道了。"在口语传播中，很少有人说，你说了太多废话，请一句话表达你的想法。说句实话，这很困难。除非情况紧急，大多数的交谈偏于对大脑的体谅，希望对方更健谈，句句镶嵌、词词重叠，这样听起来详尽扎实。

4. 保守的或传统的

在口语文明的部落里，口头话语的传承必须经过世世代代的反复吟诵才得以保留。这需要传承者强大的脑力和专业的素养，需要传承者领袖式的身份以及对部落人文端正的态度。或许，它代表了先民早期的某种意识形态的倾向，只有保守的、传统的心态才能对生命和联系关系富有责任感。寿命的长短也是重要因素之一，年长的老人往往会讲述祖辈的历史陈设，他们历经世事仍然对所传颂的知识视若珍馐，不会因为一些非规律、非法度的情绪化因素随意改变。祭祀是先民社会中重要的生活环节，是对自然的敬畏，对生命的尊重。而头脑中熟存仪式步骤和礼节的部落长者，往往在这时被族群奉若领袖，一切应对灾害、疾病的宗教经验陡然攀升到顶端。人们开始对传统的、保守的习俗重温，检讨自己冒进的、不符常规的行为思想，毕竟偶尔的激进也许会为自己以及族群带来灭顶之灾。《荷马史诗·奥德赛》第三卷——"What Happened in Sandy Pylos"（老英雄涅斯托尔深情叙说归返事），有这么一段关于祭祀的描述："Pray, now, sir, to Lord Poseidon, who owns this feast which you have happened to join. When you have poured your drops and offered your prayer as usual, pass on the cup you your friend. He too, I think, will join our prayer to the immortals: for all men need the gods."（客人，现在请你向大神波塞冬祭奠，你们遇上的这祭宴就是祭奠这神明。在你行礼如仪，祭祀祈祷过神明后，再把这甜蜜的酒杯交给那人作祭奠，我想他也会向不死的神明做祈祷，因为所有的凡人都需要神明助佑。）[1] 这里提到"所有的凡人都需要神明助佑"，这就存在一个命题。期望得到助佑而去祭奠，是以敬畏和遵守为

---

[1] 荷马：《荷马史诗·奥德赛》，罗念生，王焕生译，上海人民出版社，2015，第36页。

出发点的。如果你不敬畏神明,何谈对他的崇敬。如果你不遵守神明留下的规定和章程,你不断地挑战和破坏,神明为何又要保护你?所以说,前文字时期的先民,他们对外、对自然的认识或许很局限,但对内、对自我的认识透彻又缜密。

5. 贴近人生世界的

从话语的职能来看,口头话语注重经验的传递,指导实际生活。书面文字看重意义的指征,引导逻辑思维。许多原始的技术工艺都是经过口头传授,很少像今日的说明书一样。首先,经验性的知识因情景变化而改变,经验是在实践中积累的,没有稳定的标准。其次,先民生活中话语传播媒介贫瘠,除了口授并无其他,那么传播的一定是与生命体存在相关的切实经验,与生活、世界无关的信息会大大降低被传播的可能性。总而言之,任何抽象的、与具体行为无关的知识更适合在书写文字中展开它的分析,在口语文化中它们只能被非线性、非秩序的陈列,而这会产生大量的歧义与误解。比如,在《诗经·周南·兔罝》里,创作者就将捕猎兔子的技巧与战士保卫国家的英勇结合起来:"肃肃兔罝,椓之丁丁。赳赳武夫,公侯干城。"

6. 带有对抗色彩的

"在口语文化里,谚语和谜语不仅仅是用来储存知识的,而是用来和他人舌战斗智的:一句谚语、一个谜语就是对听者的挑战,要他们用一个更恰当的或者完全相反的谚语或谜语来超过它。"[①]无论是史前石器时代,还是之后的农耕文明时代,口语文化的勃兴多盛行于劳动者的口中,无聊辛苦的劳作、恶劣的自然环境,不免会激发劳动者互相

---

① 沃尔特·翁:《口语文化与书面文化:语词的技术化》,何道宽译,北京大学出版社,2008,第33页。

吹嘘、拌嘴、调侃的心理情绪,来克服、慰藉由外在带来的困厄感受。在劳作中,你说一句,我回一句,时间很快过去,欢快的情绪以及谁也不甘示弱的激烈气氛使劳动者暂时忽略了身体感官上的疲惫,不乏是一种好方法。《诗经·小雅·无羊》是一篇关于放牧的诗歌,篇首几句对抗色彩浓厚,十分有趣。"谁谓尔无羊?三百维群。谁谓尔无牛,九十其犉。"可是,由于劳作者生存环境、技术条件低下,人们开始恐惧自然力,对灾难的来临感到无助,加之社会法度无从谈起,一切的努力都不及一场强大暴风雨的毁灭。于是,人们信仰、向往强悍的力量,倾向用暴力解决争端。这些血腥残暴的场面在古希腊时代的历史卷轴里,尤其常见。因此,这些暴力的、对抗的心理动力就展现在了先人口语遗存中。

史诗《格萨尔王传》作为一部典型的世界非物质文化遗产,是中国藏族人民伟大的拼搏斗争历史,记录了英雄格萨尔王拯救苍生功德圆满的过程。它是活的口语史诗,至今在藏族人民,尤其在农牧民中广泛流传。民族的密码、渊源仍然游走在这些精妙的口语诗歌中,口传者可以忘我地吟诵几天几夜也不停歇,不禁令人感叹,到底是怎样的魔幻力量让这没有文字的话语悦动千年而不受阻!在这部作品中,对抗色彩的语句,屡见不鲜。在第四回中,觉如与古如因为骑马比赛,展开了一段对抗色彩浓重的对话。古如嘲笑觉如驼背就唱道:"太空的彩虹弯着好,天地靠他衔接好。男子汉驼时武义强,女人们驼时见识高,兵器弯时好厮杀,坡路弯时好赛跑。"① 真是太好笑了,没有一句不暗讽"弯背"这件事。觉如很生气,回敬他"弯刀会刺伤自身,弯角会戳瞎自己的眼睛,弯臂的手会打自己的脸,驼背的嘴会啃自己的腿"。②

---

① 降边嘉错,吴伟等:《格萨尔王》,海豚出版社,2011,第70页。
② 降边嘉错,吴伟等:《格萨尔王》,海豚出版社,2011,第71页。

7. 移情的和参与式的，而不是与认识对象疏离的

口语需要场景。人类需要活动，部落族群的延续需要生命活跃的繁衍生息。所以，口语是动态的，它存在于各种生命关系的有机活动之中。而这决定了口语的存在要以终极关怀为目的，移情参与，与认识对象紧密相连。并且，口语只有在主体与主体之间传播，才能完成它的语音职能。语音来自人的内部发声器官，所以在族群繁衍稳定的部落之间，生命有机体都可以发出语音进行交流，而这个统一的部落便是口传完成的场所条件。口语是参与式的，这意味着不止语音要参与，身体也要参与。"口语内化的力量，以一种特殊方式和神圣情怀联系在一起，和存在的终极关怀联系在一起。"[①]《乐府诗集》中有一首民歌《白头吟》，相传为卓文君因司马相如的情感背叛，故此作诗以示感情决绝，诗歌开头就以创作者第一人称口吻，传达了她寒若冰霜的痛苦和跌至谷底的绝望，言辞激烈又婉转地再现了她对于情感真挚不可践踏的原则。全诗情绪色彩浓厚，创作者将情感完全沉浸之中，读来刚柔并济，就仿佛亲耳听到了她的哭诉："皑如山上雪，皎若云间月。闻君有两意，故来相决绝。今日斗酒会，明旦沟水头。……凄凄复凄凄，嫁娶不须啼。愿得一心人，白头不相离。"[②]

8. 衡稳状态的

首先，口语文化的"衡稳状态"根本上是指语音和语义的指称稳定。如果语音发出之后可以指称多种复杂的意义，那么一切口传的秩序将会变得混乱不堪，这时会出现言语的断层、话语的失衡等情形。当然这只能发生在前文字时期，文字的出现将语义在很大程度上解放出

---

① 沃尔特·翁：《口语文化与书面文化：语词的技术化》，何道宽译，北京大学出版社，2008，第56页。
② 袁世硕主编：《中国古代文学作品选（一）》，人民文学出版社，2008，第431页。

来，在一个语词意义的生成过程中，因为文字本身的客体对象的固定，语义就会根据上下文的语境、传播的媒介而产生变化。例如我们今天重复的许多古老的歌谣，许多歌词指代的事物早已消亡，这些事物的原生意义也早就荡然无存，我们传颂的歌只剩下"曲"却丢失了"意"。

其次，口语文化的"衡稳状态"还取决于口传者居住环境的单一。人类是群居动物，有职能分工、有血脉谱系。如上文所提到的一切口语的来源皆因生存活动而产生，意义也来源于环境。一个复杂的环境，一定不会产生一套衡稳的交流方式。人类在发现暴力解决争端费力费时之后，开始通过对话解决人际互动。于是，我们发现在口语的传播体系中，有一套稳定的意义体系存在。

当然，原生口语文化的"衡稳状态"也突出地反映在宗教信仰以及部落的意识形态中。上文反复讨论了《荷马史诗》大量的关于英雄主题的集合套语，这不仅反映出先民因恶劣生存渴求救世主的心理，同样也表明原始部落族群中对英雄、领袖人物的敬畏与崇拜，对族群默认集权统一的意识形态。《格萨尔王》是现存的一部还可以被现代人吟诵的史诗，这首先得益于发源地青藏高原的天险地势和严酷的气候，人口流动的缓慢，文化交流的短缺，使得藏族文化得此一支并无较大的分化。特殊的民族宗教信仰也是文化衡稳的一个重要保障。《格萨尔王》的结构独树一帜，整个史诗由天界篇、降魔篇、地狱篇三个部分组成。这与藏族民众的藏传佛教的宗教故事也是殊途同归，由此便会加固信仰的认可，指导着藏族社会生活的各个方面。《格萨尔王》就如母亲河一般滋养着人们文化的根基，并随着一代又一代人延续下去。

以上是对原生口语文化面貌特征及其应用的解读，而上文提到电子时代和数字时代的来临使口语文化以新的形态得到复活，沃尔特研究最大的遗憾就是未能描述次生口语文化的面貌，本书将在接下来通过数字媒介话语口语化的内涵概述来完成这个面貌的描摹。

第三节 "次生口语"的口语化内涵

"网络媒介在影响技术及社会领域的同时,掀起了一场'语言的革命'。"[1] 而这种革命更像是一种场域的口语化进程。"在网络上的交流类似跨越时空的'面谈',聊天双方可以不受时空的阻隔和限制,随意地交流,具备口语语体'口语化的特点'。"[2] 口语是言语最原始的形式,但口语化并不等同于口语。所谓口语化,从字面意义来看,是指话语在塑造中吸收了更多口语建构话语的原则,即话语中口语成分的比重逐步攀升,营造了交际氛围的亲切随意感。赵洁(2011)曾在文章《口语化——当代俄罗斯大众传媒语言的修辞策略》中论证"口语化成为大众传媒语言主要的修辞策略,这种趋势在很大程度上使属于社会性交际行为的政论言语和日常会话的个人交际行为之间、书面和口头交际之间的界限变得模糊起来,大大削弱了言语的正式性"。[3] 但本书解析口语化的前提,并不是书面语言以及网络、终端公共语言的纯口语化。它是建立在沃尔特有关"次生口语文化"研究之上的,是"次生口语文化"的探索延续。数字媒介话语的口语化,从深层意义上讲应该有三个层次:首先是话语文本的口语化;其次是话语形式的口语化、对话现场的口语化;最后,是日常书面语言中媒介化的口语表达。

一、话语文本的口语化:符号与有声的交融

话语文本的口语化包含两个层次:其一,话语文本内容的口语化

---

[1] Crystal, D. *The language Revolution*. Cambridge: Polity Press, 2004.
[2] 卢凡:《网络语言的风格特征及语体归属问题研究》,《语言研究》,2016年第1期。
[3] 赵洁:《口语化——当代俄罗斯大众传媒语言的修辞策略》,《外语学刊》,2011年第4期。

倾向。简单说来，如手机短信、微信、QQ 等聊天、通信工具，因其本身社交属性而使话语文本的突出特征就是口语化，文本本身就是口语表达的载体，这种表现已经被很多学者认识到，"网民们形成了一个新的言语群体，他们的网上交际使汉语呈现出鲜明的网络特征，其所用言语当属狭义范畴的网络语言即网络口语"。[①] 像个人微信、微博发布的语言就极具口语化特征，从句式上看，这些发布的言语受字数限制本身篇幅简短，同时，多用短句、简单句以及句式省略结构，与书面语言复杂的句式结构形成鲜明对比；随着输入法软件的发展，这些文本演变成了图像等符号与口语表达的杂交，毕竟，口语化现象已不能局限于语言文字的口语化，还应该包含当下流行的视频、图像交流的应用属性。这些书面化的口头交流，"还原了面对面交流即时、互动和对语境高度依赖的口语化特征。此时，视觉感知器官成了听觉感知器官的眼神，从而产生'视觉—声音'的新感知模式"。[②] 简单的例子比如：谐音类，睡觉—"碎觉"、压力—"鸭梨"、难受—"蓝瘦"；方言类，这样—"酱"、知道—"造"；特定类，"马甲""灌水""吃瓜群众""跪了"等等。其二，话语文本内容本身就是有声语言。事实上，微信、推特等此类软件提供话语文本可以输出有声语言这一现象，其本身就是对"听"这一人类感知器官的恢复与平衡。为了达到交际的最好效果，技术人员提供各种符号形式来提高书面语言口语化的表达能力。但长久的书面语禁锢了人类的听觉，在听话与说话中，人们难免失衡。有声口语的大范围风行，不仅还原了口语对听觉的依赖，同时，将许多意义从抽象的符号中脱离出来使交流变得更加自然、随意、便捷。有声语言介入话语文本，技术人员考虑到场所不便的情景中提供了语言变文字的功能，这些意符又会在新一轮的转换中生出新

---

① 柏莹：《网络口语语体初探》，《扬州教育学院学报》，2001 年第 4 期。
② 曹进，曹玲：《网络对语言听觉感知影响之深层解析》，《新媒体研究》，2015 年第 11 期。

的表达和演变。这些有声语言为语言的创造提供了更多的机会，同时构建了语言交流的新模式，延伸了人类的听觉能力。

二、话语形式的口语化：多样态的交际会话

话语形式即对话体裁本身的口语化（即环境场域的口语化、对话现场的口语化）。"电子时代媒介的谈话是动态的，超文本的表达，不亚于面对面的形象描述，而且传播—反馈也实现了双向流动和相互转换"①，"在网络上，基本上所有的信息都可以也正在被用谈话的性质进行传播，同时，营造了一种适合谈话的既是超媒体的又是超现实的亲民环境"②。

数字媒介话语环境场域的对话体裁有两个鲜明的特点：其一，"话轮失序"。旧媒介的交流形式多为书信传递、报纸问答，一来一往并不力求时间的迅捷；甚至是电子邮件、BBS论坛这些传统网络交流手段，也多是顺序紧凑的话语队列，而数字媒介话语交流的场景较多是伴随对话的并行，以及多数情况下因时效失衡带来的回复延时而产生的"话轮失序"。其二，"文本的流动"。与传统网页文本相比，移动互联终端的文本更具有流动性，动态开放无所不包。随处可见超文本、超链接，以及文本自身附属的可介入可复制性。而这种文本的可"介入"就会带来话语符号指意活动的重建。事实上，米歇尔·福柯（Michel Foucault）在他的话语观中，时常强调话语规律性的地位。"确定每一个序列各自的成分，规定它的界限，揭示它特有的关系类型，找出它

---

① 黄舒蒴，禹雄华：《中国媒介口语文化现象揣微》，《漳州师范学院学报（哲学社会科学版）》，2010年第4期。
② 黄舒蒴，禹雄华：《中国媒介口语文化现象揣微》，《漳州师范学院学报（哲学社会科学版）》，2010年第4期。

的规律。"① 除了表达对话语序列、连续性的关怀外,他还认为"每一个明显的话语都神秘地建立在一个已说过的东西上,……我们应该时刻准备在话语介入事件中接收话语的每一时刻。"② 也就是说形态各异的主体意识中观念断裂的增加,就会使话语在传递的过程中无法保持一个一致的能指状态,对于话语对象的意指始终存在因观念断裂而造成的不连续的增加,这就造成口语化的倾向在不断地挑战稳固的话语规律。比如,微博的"评论""回复"功能,就可以生成一轮一轮的话语序列,这证明了数字媒介话语交流的对话形式存在于传播空间的各个角落。而这些丰富的对话形式,无论是图像、视频或者纯有声语言,都是口语化特征的凸显。"口语交际是一种双向的交际,主要表现形式是对话,是人的一种基本的交际行为。网络语言交际虽然其物质媒介形式有别于日常口语,但也可以以双向对话的形式用于人与人之间的交际。网络聊天就是口语交际的最典型交际。"③

三、书面语的口语化:数字媒介话语的渗透

日常书面语言越来越受到数字媒介口语的影响。媒介话语的口语化并不单单停留在虚拟的社交软件中,人们的日常话语也被这些流行口语裹挟、充斥,渐渐展示出媒介话语口语化的特征,同时,在书面语言尤其是文学语言的创作中也体现出这样的特点。值得一提的是,书面语并不单单指纸媒中的书面语言,也包括电子媒介中非社交对话的书面语言。

---

[1] 米歇尔·福柯:《知识考古学》,谢强,马月译,生活·读书·新知三联书店,2007,第7页。
[2] 米歇尔·福柯:《知识考古学》,谢强,马月译,生活·读书·新知三联书店,2007,第25页。
[3] 吕明辰:《网络交际中自然语言的属性》,《吉林大学社会科学学报》,2004年第2期。

赵洁在《口语化——当代俄罗斯大众传媒语言的修辞策略》(2011)中认为"当今大众传媒语言中的口语化趋势不仅仅是从口语体中引入词语和句子单位，造就语体间简单的混杂，增强言语的表现力，更重要的是，在营造亲切的口语交谈的氛围，亲近受话人，用受话人的语言同其交谈，造成不被时空阻隔的面对面直接交流的效果。"[①] 从语体的角度来看，语言可分为口语语体和书面语语体，两者的区别显而易见：一个通过语音发声，一个通过书面文字存在。网络媒介的出现，使口语体和书面语体的界限变得模糊开来，书面语体越来越受到口语体的影响，于根元（2001）在《网络语言概说》中提到："从总体上来看，网络语言的语体是口语化的书面体。"[②] 许多学者都认识到这个问题，口语化逐渐引起重视。所以说，从语体学的角度来说，书面语在使用文字这一载体的同时，为了营造与读者的亲近气氛，于是借助口语语体表达，完成更准确的意义。同时，许多书面语言本身是为了更好地交流传播，它的实质就是"公告口语"。我们可以从网络语体的现象中探寻，"网络语体的渗透主要也是将谈话语体的语言表达手段，即口语化的手段，渗透到其他网络语体中"[③]。像新闻语言、报纸书面语言、网络文学语言受对话语体的影响，都渗入了大量的口语词成分。例如，2017年12月某日央视新闻频道主持人在午间新闻中的播报语言："亲爱的观众朋友们，地球不爆炸，我们不放假；宇宙不重启，我们不休息，风里雨里节日里，我们都在这里等着你，没有四季，只有两季，你看就是旺季，你换台就是淡季"；以及报道标题"厉害了00后！12岁小学生轻松战胜清华学霸，刘国梁看呆了""厉害了我的国！造楼神器刷新中国速度，4天盖起一层楼"。可以发现，将这些口语词

[①] 赵洁：《口语化——当代俄罗斯大众传媒语言的修辞策略》，《外语学刊》，2011年第4期。
[②] 于根元：《网络语言概说》，中国经济出版社，2011，第13页。
[③] 张颖炜：《新媒体视野下网络语言的语体特征》，《江苏社会科学》，2015年第4期。

用于书面文本的遣词造句中,已然成为语言编辑的一股热潮。句式的简短、口语化的谐音词、讹误语词的复制与放任,种种迹象都凸显出日常书面用语的口语特征。

第四节 媒介话语理论的学理建构

海德格尔曾提到人的存在就是语言、言说,言说是人最基本的存在标志。"存在"的意义,"应理解为语言活动中发生的意义之在",即"语言的本质功能是存在确立自身的方式"。[①] 如今,在数字媒介中,一个普遍现状是"传播与交流离不开言说,言说的内涵就是'网络人'的精神家园。网络技术的介入,使传播个体拥有了自己言说的工具,有了讨论各种话题的场域"。随着一次又一次的传播革命,人们对媒介的依赖与日俱增,媒介生活逐渐成为人类社会生活的重要方面,并潜移默化地影响着人们的思维和言说方式。迫于传播需求,通过新的媒介传递信息,人们必须不断摸索有效传达信息的言说方式。久而久之,丰富多样且又不断变化的话语生态形成了。更重要的是,在虚拟性为主导的数字媒介中,人们的多样行为和表达都是通过编辑传播文本来实现的。同时,我们又发现这些在媒介生活中的所有生产行为最终都是以话语的形式所呈现。

当然,新的媒介话语仍然没有脱离文化后现代语境下的场所精神,并展现出了相同气质,如"一种新的形象或平面性""历史意识消失""与技术的新关系""一种全新的情感基调"[②];可以看出,新的媒介话语仍然继承了流行文化的基因,呈现出鲜活的日常气息,它的"去

---

① 朱丽元:《当代西方文艺理论》,华东师范大学出版社,2005,第 148 页。
② 刘婕、邱美英、王逢振:《二十世纪西方文论》,外语教学与研究出版社,2009,第 132 页。

中心化、平面化、部落化、碎片化和草根化"[1]都极具特性地凸显了后结构语言的解构性，即能指与所指的分离。当然，美国媒介学家沃尔特·翁的"口语化——次生口语文化"也给我们审视这些特性提供了一个新的视角。他认为电子时代和数字时代的来临使口语文化以新的形态得到复活，并将其命名为次生口语文化，"电子时代又是'次生口语文化'的时代，电话、广播、电视产生的文化是次生口语文化"，"次生口语文化也产生强烈的群体感，因为听人说话的过程是聆听者形成群体的过程。"[2]虽然口传史诗的文明在当下难以生存，但是许多文化都保留着大量的原生口语文化的形态，甚至在如今的数字媒介环境中这种口语传统的遗存愈发鲜明。

一、结构主义语言学视角

关于语言与话语，索绪尔、福柯、巴赫金等都提出过明确的主张。

索绪尔提出，"语言（langue）"即语言系统，而"言语（language）"则是话语，即具体的言说；也可以说是"作为形式体系的语言（langue）"和"个人的言语行为表述（parole）"。语言，支配着一切言语的实践，而包括鲜活的口语和严肃的书面语在内的言语"则是一种语言所拥有的无穷无尽的言辞话语"[3]。

福柯进而提到话语是一种主要的人类活动，是人类关于文明的历史实践，无论是说出的还是写出的东西都因时代的变化而变化。因此，不管是口语还是书面语都可纳入话语的范畴；福科认为，话语具有双重价值，他在《福柯的面孔》中说："在法语的语境中，话语非常接近

---

[1] 曹进：《网络语言传播导论》，清华大学出版社，2012，第235页。
[2] 沃尔特·翁：《口语文化与书面文化：语词的技术化》，何道宽译，北京大学出版社，2008，第7页。
[3] 乔纳森·卡勒：《巴尔特》，孙乃修译，中国社会科学出版社，1992，第91页。

'聊天''闲聊''自由交谈''即席谈话''陈述''叙述''高谈阔论''语言'(Language)或'言语'(Parole)。①"

巴赫金持有基本相同的观点,他尤其强调"交际"的关键地位,而"对话"则是交际的关键形式。关于交际,在巴赫金看来,语言是语言形式的抽象体系,而语言的真正实现则是言语的相互作用,即话语——连续的言语交际。"即使研究话语中的语言学因素,也仅仅是隐存于话语中的规则一致的语言形式"。②巴赫金认为话语区别于语言与言语,语言是客观主义的规范性表达,言语是主观主义的个体性表达,话语则是以"社会交际"为核心特征的表达,"每一个话语都是各种社会声音混杂和斗争的小舞台"③。因此,每一种形态的内部都因重音符号偏向而产生独特的约定话语,比如社会主义话语、资本主义话语;艺术话语、技术话语等。事实上,传统语言学研究一般分为两种路径:其一以具体个人的主观性层面着手,认为语言源于个人的心理,是发展的言语实践;其二则从抽象一般的客观性入手,认为语言独立于人的意识存在,语言规则存在于体系的内部。而巴赫金认为前两种路径分别忽略了主观心理的客观性以及客观体系的社会性,他以这双重批判为基础提出了"超语言学"的理论,并总结道:"语言是活生生的,并且正是在这里历史地形成的,在具体的言语交际中,而不是在抽象的语言学的语言体系和说话者的个人心里之中形成。"④"超语言学,研究的是活的语言中超出语言学范围的那些方面。"⑤由此可以看到,巴赫金的"超语言学"所表达的对象正是文中所围绕的"话语"。

---

① 爱德华·赛义德,米歇尔·福柯:《福科的面孔》,汪民安,陈永国,马海良译,文化艺术出版社,2001,第23页。
② 巴赫金:《巴赫金全集第2卷》,钱中文译,河北教育出版社,2009,第399页。
③ 巴赫金:《周边集》,李辉返译,河北教育出版社,1998,第386页。
④ 巴赫金:《周边集》,李辉返译,河北教育出版社,1998,第448页。
⑤ 巴赫金:《周边集》,李辉返译,河北教育出版社,1998,第354页。

关于对话，巴赫金思想中最核心的观点就是话语的对话性，这不仅是"超语言学"思想在文化研究中的延伸点，也是区别于传统语言学的关键点。而"对话性"，并不单单指语言层面上的，它同样涵盖心理、修辞及哲学层面，即说了什么、为什么说、怎么说以及说的意义，于是，这指向了话语的社会历史性。根据"言语的相互作用"的分析，巴赫金指出话语是针对对话者的，"实际上话语是一个两面性的行为"。它作为一个话语，正是说话者与听话者相互关系的产物，因此在巴赫金看来，对话是语言的首要特性。"话语主要是生活交际的材料。名为口头的言语及其形式正是属于这一领域，生活中的思想领域。"①

由此可见，巴赫金的"交际"和"对话"强调的社会性及其中的参与性就是话语极为重要的特点。他还说"生产关系和由它直接决定的社会政治结构决定着人们一切可能的话语交往，决定着他们话语交际的一切形式和方式。"②

所以，无论是结构主义还是后结构主义，作为一种知识体系，它们都明确意识到在具体的文化现象中，首先要从话语入手。以巴赫金的"超语言学"研究、福柯话语理论为资源，中国当代学界主张建构"话语实践论文学观"，把语言看成能动的、生产的话语。媒介话语是一种特殊的语言实践，是语言在媒介环境中的活动。媒介语言研究即媒介话语研究，在和话语符号实践论接轨，又努力对其实现覆盖和超越。因此，研究数字媒介中具体的文化素材以及个体言说表述，只能是做数字媒介话语的研究，而不是数字媒介语言的研究，因为前者是具体的、现实的；后者是抽象的、客观的。从口语化视角入手，其研究范本只能是数字媒介话语而不是数字媒介语言。语言是抽象的系统，结构主义方法论则将其延伸至各个学科的"语言"。也就是说，不仅应

---

① 巴赫金：《巴赫金全集第 2 卷》，钱中文译，河北教育出版社，2009，第 348 页。
② 巴赫金：《巴赫金全集第 2 卷》，钱中文译，河北教育出版社，2009，第 353 页。

当将数字媒介作为这一学科语言的系统探究,而且应将其视作人类文明活动的实践研究。因此,只能是数字媒介话语的分析,而不是数字媒介语言的探讨。而提到话语,福柯认为"个别话语的形成过程中,会出现一些规则来界定这个领域的相应对象,从而建构起基本概念,形成理论构架。"[①] 与此同时,福柯在《知识考古学》一书中指出了一条重要方法,即如果要进行特定文化档案的考察,那么一定要了解话语领域中规则的组构、排斥以及转化想象。因此,数字媒介话语也一定存在着规则及组构,挖掘它便可触碰到数字媒介话语的真实面貌。

总之,基于数字媒介的用户的所有生产活动大多是通过话语来表达。由于媒介的虚拟性和超时空性,人们的媒介活动表现只能从媒介的文本、视频和图片等中发掘。因此,媒介话语在这里更像是一种全民生产的镜像。

当然,这个概念的合法性首先要建立在"媒介环境学"的理论基础之上,即"作为环境的媒介"。简要概括如下:"传播媒介创造了环境,影响使用它的人,影响文化和社会。"[②] 如果在媒介论中,"环境"是一种隐喻,那么本书中论述的"话语"更是一种隐喻。媒介环境学,正是将话语视角从边缘拉回中心。如今,媒介话语的研究是当下传播学、语言学、文学批评无法回避的学术命题。"媒介即讯息"涵盖着媒介本体论的外延与传播文本的内化,同样值得关注。从人类生产史的规律来看,社会实践与发展的动力还是以语言为传播轴心的,"从言语开始,人类发明的语言自然成为思想的外壳,比如用语言传递的观念能够通过组织行为产生一种社会力量,或者是一种话语所形成的氛围链接出一场轰轰烈烈的事件。"随着技术变革催动下数字媒介的席卷,

---

① 刘婕,邱美英,王逢振:《二十世纪西方文论》,外语教学与研究出版社,2009,第88页。
② 高存玲:《作为物种的媒介:Media Ecology 被湮没的一个维度》,《新闻界》,2018年第5期。

人们不得不开始重视数字媒介中话语的特点,即使今天的文化语境仍然绕不过后现代性的框架,但是,探寻数字媒介话语的生成与特性等问题对解决当下的数字媒介意识观念、文化命题却是十分必要的。

二、后结构主义语言学视角

数字媒介话语的口语化研究不仅是媒介研究的一个重要视角,也是对人类新形势的文化生产内容的考察。在方法论层面,将重点关注口语的话语理论与当前的媒介理论结合起来,也是有效的良策。沃尔特·翁、德里达和马歇尔·麦克卢汉都对此各自提出了相应的理论。沃尔特·翁的媒介环境学一直发挥着重要影响力,其《口语文化与书面文化:语词的技术化》深刻指明,口语文化与书面语文化都在人类的文明进程中发挥了"智力驱动"的作用,而这两者的主体个性又决定了人们的思维方式和表达的差异性。而关于口语文化和书面语文化的重要区别,德里达有关于"语词中心论(logocentrism)"以及"语音中心论(phonocentrism)"的论断。同时,德里达认为"语词中心论"的源头正是"语音中心论",可以看到,在德里达那里口语的地位是高于文字的,这是对"文本主义"的打破与颠覆,即能指与所指稳固关系的动摇,语词与语音一一对应关系的打破。其实,传统的西方哲学中也不乏将书写看作异化且无生命的观点,无论是柏拉图还是列维斯特劳斯,他们都更加褒奖鲜活的声音,认为"活的声音"就像印记一样,也是非常物质性的。[①]声音作为口语的媒介,使口语"透明化"而让人得以充分地传达信息或表达意义。即使后结构主义试图寻找"超越的能指(transcendental signifier)"来涵盖其他所有符号的终极意义,

---

[①] 特雷·伊格尔顿:《二十世纪西方文学理论》,伍晓明译,北京大学出版社,2007,第128页。

但最终还是不得不承认它的虚构性,这种目的论的探求告诉我们,并不存在稳固规则与体系的语言,更没有先验的意义之意义,任何的概念都会在开放的结尾中迷失甚至是颠覆自己。那些鲜活的声音也会在传递中失去最初的能指而转向下一个所指,在这些串联循环中生产出新的意义,这与当下的次生口语文化是极为相似的。所以说,德里达对口语地位的重新审视,正是后结构主义在话语表达中所展现的时代张力。

马歇尔·麦克卢汉也提出了世纪性的论断——"媒介即讯息"。毫无疑问,这不只是媒介学意义上的关键历程,更是话语理论的重要内化。而后现当代文化语境中的"口语文化",正是沃尔特·翁提到的"次生口语文化"。书面文化是强化逻辑的推手,而口语文化正是对这种"结构"的消解。因为,从文体论的层面上说,口语就是没有稳定"结构"的语言。"语词植根于口语之中,文字却永远把语词禁锢在一个视觉领域,显得十分霸气"①,而口语作为"活泼的声音"显然更能适应后结构主义的文化生产。其实,口语化作为一条线索贯穿了整个人类文明的始终,从口传文明时期的巅峰,后又逐渐在后现代文化语境中再次发轫。在那些颇有意义的文学理论如言语行为理论和话语实践理论等中,我们都能看到它的内在延续性。

言语和口头的共生性,也被言语行为理论注意到,如箴言常说"说到做到""言行一致"一类,但从未出现"写到做到""书行一致"这样的说法。其根本差异就在于言语行为在本质上是社交的会话与互动,它更关注口头交流。而从读者接受理论来看,口语已然成为他们衡量读者参与能力的标准,具体表现为,文本创作与口语表达的不同关键在于读者是否在场或读者与作者是否同时在场。显然,同类主题

---

① 沃尔特·翁:《口语文化与书面文化:语的技术化》,何道宽译,北京大学出版社,2008,第 7 页。

的知识材料，经由阅读语音传播便会截然不同。事实上，这也是对口语的一种重视。也就是说，口语的社交特性使其在话语中享有无可撼动的地位。事实上，今天许多发达地方的亚文化一直是在口语框架中运行的。不管是表演取向还是材料取向，媒介话语正是这些文化表达的镜像输送。而如今，我们正面临一个语言表达的电子变革时期，沃尔特·翁认为，新的媒介带来变革"把人的意识提高到次生口语文化的新时代"[①]，他还特地强调这种口语化的转变更多的是一种由技术诱发的。而这种新的口语文化又与曾经古代的口语文化有着惊人相似：参与的神秘性、社群感的养成、专注即时性，以及套语的使用。

三、媒介环境学视角

"口语文化（的）"，沃尔特原著中英文为"oral"，即形容词——口头的，口述的。而事实上，数字媒介话语的口语化这一重要论断还应表现在媒介的本体论之中。根据麦克卢汉的媒介环境学理论，可以得出，目前我们所面对的数字媒介正是一个包罗万象且发展着的交流环境，而不是传统意义上用于传递信息的通路管道。这个交流环境基于"地球村"的空间张力，变得无所不在，无所不包。而在现实环境中，交流的前提是建立在反馈的基础之上的，讯息的发送者也会在接收与发送中转变身份。因此，言语交流中如若缺少反馈就意味着接收者的缺位。只要开口说话，一定会有个人或若干的在场对象，而书面传播行为的完成，却不需要接收者的当时在场。数字媒介所营造的"环境"（media ecology）就正是人类真实交流的虚拟化，而这种交流更多地被看作口语的。因为，无论你是因怎样的期待发表怎样的话语，在

---

① 沃尔特·翁：《口语文化与书面文化：语词的技术化》，何道宽译，北京大学出版社，2008，第103页。

数字媒介中话语一定会即时传递到每个可能在线的接收者那里去，虽然存在某些非期待的接收者，但电子时代的通达性使交流有别于书面传播的滞纳，呈现出社群取向的口语化。

"话语的场景语境更是深受主导性媒介制约，场景语境为人的话语行为提供框架基础"，如果说原生口语文化"是发生在现场性的媒介语境中的话语活动"①，那么当前的次生口语文化就是虚拟性的媒介语境中的话语活动。因此，我们发现口语化的特性与主导性媒介紧密依存。"'媒介'一词在使用过程中侧重意指居于中间使两者发生关系的中介，即一种中介化的实践。"②符号论同样认可这种说法，认为媒介就是符号意义被感知的中介。因此，无论从"媒介论"还是"符号论"的视角，媒介在本质上就是交流与传递。这种特性无论是在口传文明时期，抑或是书写文明时代，都不可避免地被赋予社交属性。而在今天，媒介被技术力量顶上云端，将这种社交性充分发挥。但口语是群体社会性交往的基本，麦克卢汉的老师哈罗德·亚当斯·英尼斯（Harold Adams Innis）尤为"偏爱口语传统，认为口语具有对话的价值，可以抵制技术文化的煽情性与嬗变性，口语文化是与民主生活、公共领域联系在一起的，口语传统的力量在于不会轻易被垄断和控制。"③事实上，口语与书面语是言语表达的两种基本形式、言语体裁，但受交际领域的特点的影响，这两种形式在表述中会分别担任主要地位。也就是说，"在标准语发展的每一时代，都有一定的言语体裁起主导作用，而且不仅有第二类体裁（文学的、政论的、科学的体裁），还有第一类

---

① 单小曦：《媒介文艺学对语言论文论的改造》，《文艺理论研究》，2016年第5期。
② 张聘：《符号学视角论"传媒艺术"的命名——兼辩"传媒/媒介/媒体艺术"之异》，《现代传播》，2018年第9期。
③ 胡春阳：《奔流的"文本"——解读移动多媒体讯息的多重意义》，谢静主编，《中国传播学评论（第六辑）·新传播与新关系：中国城乡变迁》，复旦大学出版社，2015，第211页。

体裁（一些口头对话的类型，如沙龙的、社团的、家庭生活的、社会政治的对话）"。① 而如今，与鲜活的口语相比，书写是"一种第二手的交流模式，是言语的苍白的机械的转录，因而总是与我的意识隔了一层。"② "手机/移动传播带来了文本的复兴，但这一文本绝不是传统意义上的文本，而是兼具口语特征的文本。"③ 如今，网上会话具有鲜明的口语实时交流的特性，我们可以看到，口语又再次发力成为数字媒介话语中稳定又重要的表述方式。数字媒介话语作为正在发展的新语言，在形式上模拟了自然的会话流程，这不仅是对口语传统的向往、对社区恢复的渴求，更是一次群体性社交的口语回归。可以说，"集合口语和书写特征的移动多媒体文本成为一个不可逆转的历史实践的补偿性选择。"④

如果说口传文明的谚语、箴言是原生口语文化的语言成果，那么当下的网络流行语正是这种社交媒介口语回归的文本标记，同样也是研究次生口语文化的重要语料。"随着移动互联网对人们日常生活的渗透，网络用语在使用和传播中获得了空前的便利性，来自电视节目、各地方言、聊天表情包等途径的网络用语广为流行，并深刻影响着人们日常的语言使用。"⑤ 根据《中国语言生活状况报告》显示，2015年度网络流行语，如"你家里人知道吗，且行且珍惜，萌萌哒，现在整

---

① 巴赫金：《巴赫金全集第4卷》，钱中文译，河北教育出版社，2009，第145页。
② 特雷·伊格尔顿：《二十世纪西方文学理论》，伍晓明译，北京大学出版社，2007，第128页。
③ 胡春阳：《奔流的"文本"——解读移动多媒体讯息的多重意义》，谢静主编，《中国传播学评论（第六辑）·新传播与新关系：中国城乡变迁》，复旦大学出版社，2015，第211页。
④ 胡春阳：《奔流的"文本"——解读移动多媒体讯息的多重意义》，谢静主编，《中国传播学评论（第六辑）·新传播与新关系：中国城乡变迁》，复旦大学出版社，2015，第213页。
⑤ 教育部语言文字信息管理司：《中国语言生活状况报告（2018）》，商务印书馆，2018。

个人都不好了，我读书少，你可别骗我"①；2016年度网络流行用语，如"重要的事情说三遍，世界那么大，我想去看看，你们城里人真会玩，明明可以靠脸吃饭却偏偏靠才华，我想静静，吓死宝宝了，内心几乎是崩溃的，我妈是我妈"②；2017年度网络流行用语，如："打call，你的良心不会痛么，惊不惊喜，意不意外，皮皮虾，我们走，扎心了，老铁，还有这种操作，怼，你有freestyle吗"③；以及《咬文嚼字》公布2018年度网络流行语，有："命运共同体，锦鲤，店小二，教科书式，官宣，确认过眼神，佛系，巨婴，杠精。"④这些网络用语代表了年度网民在网络语言使用上的最鲜明特征，也大致刻画出网民对社会生活的认识、关注与感悟。诚然，这些网络数字媒介流行语正是罗兰·巴特（Roland Barthes）关于"作者死了""理想文本"、克里斯蒂娃（Kristeva）的"互文性"以及乔伊斯（Joyce）所说的"读者即作者"观点的最好范本。当然，它们具有后现代语境中语言最重要的特征——能指与所指的分离，因此，当下的数字媒介话语仍然符合后现代的文化语境，以及"后语言论"的文艺理论。而且，我们不难发现这些流行语有一个共同的突出特征就是"口语化"，这些流行语适合口语或朗读的目的在一定程度上决定了话语本身的修辞风格，它们仿若去情节的叙事，因其本身所具有的历史断裂感而活跃在人们的各种媒介话语的交往应用中。沃尔特·翁《口语文化与书面文化：语词的技术化》的贡献之一就是对"次生口语文化"的研究指出了一个路径，即把研究"原生口语文化"的"口头程式理论"应用到当前的媒介话语中。而"口头程式理论"最重要的成果就是"程式""套语"与"预制语料"的发

---

① 教育部语言文字信息管理司：《中国语言生活状况报告（2016）》，商务印书馆，2016。
② 教育部语言文字信息管理司：《中国语言生活状况报告（2017）》，商务印书馆，2017。
③ 教育部语言文字信息管理司：《中国语言生活状况报告（2018）》，商务印书馆，2018。
④ http://news.1teng.com.

现，民俗学家帕里、洛德认为高度的程式化、社群共享的固定套语，这些思维表达种类与经验组织方式深深地扎根在民族的无意识中，成为一种言语功能和文化自觉。比如"为某某打 call"这样的句式就是一类鲜明地"程式"与"套语"，它的意思是为某某加油、助威。最开始起源于应援文化中台下粉丝与台上表演者的互动，而后被迅速流传使用，最终意义变成了对某人、某事的赞同与支持。首先，这句套语十分透彻地演绎了所指是如何从能指那里分离，又转向下一个能指的，后来的种种意义改变着先前的种种意义。即使这句话语结束了，但意义的产生却是无穷的。所以说，数字媒介话语的口语化表达就是后结构主义影响下的产物。其次，套语式的风格在原生口语文化中的重要作用就是记忆的便利，而这种口语思维的精致灵巧使用仍然遗存在数字媒介话语中，影响着言语的表达，使其具有突出的口语特征。最后，这些鲜活的网络用语充分地展示了口语文化深深地贴近活生生的人生世界，数字媒介话语的口语化转向正是一种对人性、对话、社群的回归。

媒介改变着世界，"它迫使我们重新认识和评价我们认为理所当然的每一种思想、每一个行动和每一个组织机构"。[①] 因此，许多与数字媒介相关的新问题就需要探讨自身的"合法性"；甚至需要从深层的学理角度剖析，来构建一种数字媒介学理范式的可能性。可以看出，除了数字媒介所衍生文学场的裂变，其衍生的话语也应成为学界研究的重点。我们在关注数字媒介文学生产方式的同时，更应该向内转去探究观念下的话语面貌、走向等问题；提供口语化作为数字媒介话语研究的重要视角，不仅是为文学批评带来了新的活力，对于媒介本身也是一个有价值的理论延伸。当然，这同样"促使人们认真审视媒介

---

① 丹尼尔伯斯坦，戴维克莱恩：《征服世界——数字时代的现实与未来》，吕传俊，沈明译，作家出版社，1998，第 9 页。

革命下文学艺术变迁的新现实，以重新勘定文艺学的学科版图。"

事实上，数字媒介话语中口语化的表达凭借技术力量逐渐成为新时代文艺批评的主流样态之一，而它的文本碎片化、意义平面化及情绪无遮蔽化带来了批评主体身份藩篱的拆卸，由精英化、专业化走向个体多样化与公共化，从而引起了数字媒介话语口语化批评主体的身份裂变。具体表现为，第一，"把关人"的消亡，在众声喧哗的舆论场中，专业晦涩的书面语被取代，哪个批评主体善用口语表达就更可能成为"意见领袖"；第二，"受众"的主导，口语化的精言妙语片言而知百义，不仅促进个性表达，还推动批评个体主体性以媒介的方式确立。最后，批评主体身份的裂变造成了"媒介批评"与"文化批评"主体关系的转变，由共时性并存关系转为历时性进程关系。

数字媒介话语口语化的批评范式也发生了转变，主要聚焦在话语样态研究上，具体为讨论数字媒介话语的口语化类型，进行批评范式的样态分析。这里论证的"口语化"包含两个重要方面：其一，大众在数字媒介的交流活动多以话语方式呈现，如微信朋友圈、微博甚至是语音聊天等，而社交文化因亲和力需求偏向口语表达。其二，指在数字媒介平台上登载的文学作品、公众号的推送文章，以及官方新闻等话语呈现出口语化比重的增强。微博、朋友圈的口语样态具体表现在，其一，话语文本的口语化：符号与有声的交融。包括话语文本内容的口语化倾向，以及话语文本内容本身就是有声语言。其二，话语形式的口语化：多形式的交际会话。这有两个鲜明特点："话轮失序"与"文本的流动"。"微文学"的口语样态具体表现在，其一，标题的"口语化"；其二，写作语言与原型的"口语化"。当前以微信、微博等平台进行刊载的文学创作多选择口语词的标题，以及个性化、趣味化的口语表达，它的运用促进了传播过程中目标受众的精准接纳，实现了"分享"与"推送"的资源最优化。"网络流行语"的口语样态具体表现为，从历时的角度进行"网络流行语"梳理，可以解决口语化话语类型的发生与发展问题。在数字媒介话语的传播中，口语词的新陈代谢现象频现，而这些口语化的表达多见于网络流行语，研究口语表达在流行语生产机制中的参与问题，利于推进其语言应用的普适性以及对社会舆情内涵的深刻认识。

数字媒介发展所催生的新文艺形态的变革，使得话语批评成为新的关注焦点，并带来了新的批评客体即学科视角的研究。传统批评对象已经逐渐式微，因此，口语化的研究必然带来新批评视角的勃兴。在语言批评层面：口语化对汉语新词生产机制的参与表现，尤其对文艺、影视话语的表述影响。当前数字媒介话语的口语化现象，不仅丰富了汉语的语言词汇，促进其发展；同时，也应看到口语化在文艺作品甚至是影视作品中的重要影响。在文艺批评层面：口语化的话语结构与受众阐释性理解之间的适合性研究。相比传统媒介，口语词更能准确切中用户表达内容的阐释，重视接受体验。由于符号的任意性，口语化的表达极具缺乏提供根据的诸种言语表达关系。因此，作为系统的口语化表达，各层面的代码与意义的多种特点之间的张力研究，尤其是主导型话语形式的如何解码，成为解开受众阐释性理解的关键。

第五节　数字媒介话语应用现状

既然关注"数字媒介话语"就没法逃避对网络语言传播这一学术热点的思考。[①] 抛除语言载体的新旧变换，两者的研究对象都是媒介衍生出的语言生态现象。但网络语言的研究对象着重立足于文本，学

---

① 根据上文对"新媒介"范围的限定，互联网属于"新媒介"范畴。

界对此多集中于语言学、符号学等层面来分析。在今天，传播文本的传播效力（文本所依托的格式技术的变革）也同样成为传播学研究中无法绕开的话题。可以说，网络话语传播始终是一个极为复杂的现象，数字媒介话语的口语化问题也应该成为其重要研究部分，因此，"数字媒介与话语"是一个包含语言学以及传播学的议题双重问题。但是，从学术方案的角度来说，我们并不只是单单用当前语言学几种普遍的方法来解释口语化。研究数字媒介语话语口语化这一问题，要认识到不同的语言空间代表着不同现实意义的尺度延伸，数字媒介与旧媒介所呈现出来的差异，我们可以从传播主体的主观性和趣味性的区别中找寻，因此，研究"数字媒介话语"，我们更要着手从媒介本身的形式要求对衍生话语所做出的影响开始研究。

而之所以研究"数字媒介话语"而不是"数字媒介语言"，原因为：首先，话语研究一定倾向于由话语单位构成的话语事件研究，而这个事件是以对话目的为背景的，"数字媒介"无论在媒介特性还是媒介种类上，基本都是以社交媒介为主，有社交必然有对话。其次，语言本就是学科的研究主体，其涵盖类目多种多样，单单就媒介的话语事件讨论是不足以完成语言学研究任务的。而从语言角度出发，我们应该研究的是语言本身，也就是语言的主体，而至于相关联的对象及其客体，一般都不构成语言偏向的重要研究范畴。再次，社交性的话语多以对话形态居多，而数字媒介的语言生态现象更是这些无数的对话往来在经年累月中形成的话语样貌，所以，"数字媒介话语"一说更贴切研究主题。关于话语的应用现状，要涉及数字媒介的中外应用差异问题。各国社交媒体 APP 的使用比重还是有区别的。以下是本书选取的调查报告：

一、美国社交媒体用户使用报告

报告一

《调查显示 Facebook 仍为美国青少年最常用社交网站》

据市场研究公司佛瑞斯特研究公司（Forrester）发布的最新报告显示，在美国青少年网民中，仍有78%的网民在使用Facebook脸书——这一比例与2014年持平，超过除YouTube（油管）之外的其他任何社交网站。"这反映了Facebook的策略是成为人们生活中不可缺少的通信工具，甚至可能取代人们对电话号码的需要。在这些12~17岁的年轻人中，他们不只是拥有一个Facebook用户名——约60%的受访者表示，Facebook是他们最频繁使用的网站。Facebook首席执行官马克·扎克伯格（Mark Zuckerberg）表示：我们认为（信息）有可能……连接数以亿计的新用户，成为这个世界一个非常重要的沟通工具。因此，尽管青少年将继续尝试每一个新的社交媒体，从短视频应用到阅后即焚照片应用等，Facebook仍然是他们最重要的社交网站。"①

报告二

《2016年1—10月美国用户媒体使用习惯调查》②

这份调查由皮尤研究中心（Pew Research Center）发布，它是美国乃至全球最负盛名的独立性民调机构，一直致力于对媒介与互

---

① Forrester：《调查显示 Facebook 仍为美国青少年最常用社交网站》，参见：中文互联网数据资讯中心 http://www.199it.com。
② Pew：《2016年1—10月美国用户媒体使用习惯调查》，中文互联网数据资讯中心，http://www.199it.com/archives/529434.html。

联网的系统性研究。

"皮尤综合了大量调查数据,并得出如下重要调查结果:新兴经济体的技术使用率不断增长,但仍落后于富裕国家;全世界 2/3 的人在使用互联网,但非洲与南亚仍较少使用;智能手机在欧洲、美国更为普遍,在发展中国家较少;与欧美相比,新兴世界的互联网用户使用社交网络更为频繁。此外,调查还显示,世界范围内互联网接入不断增长,但发达经济体仍然更高;社交网络在新兴市场和发展中国家的成年互联网用户中非常流行;新兴经济体的智能手机拥有率不断攀升,但数据鸿沟仍然存在。"

报告三

《2016 年美国网络、移动、社交媒体报告》

这份调查由 ComScore 发布,它是美国知名的互联网统计公司、互联网流量跟踪分析公司和市场调研公司。整个报告分为 9 个部分,包括:"多平台"(Multi-Platform)"数字媒体"(Digital Media)"移动"(Mobile)"社交媒体"(Social Media)"电视和跨平台"(TV & Cross Platform)"广告"(Advertising)"电子商务"(E-Commerce)"票房"(Box Office)"2016 年十大趋势"(Ten Trends of 2016)。以下三张图例均是来自"Social Media"部分。

图 1 显示用户在移动线上时,其中社交网络用时比占总时间的 1/5,超越对邮件的浏览、音乐的欣赏等,说明社交性的新型媒体已经占据了人们的多数线上生活。

图 2 显示用户在使用社交媒体时,智能手机 APP 的使用占到一半以上,远超平板电脑的 APP 使用率。

图3显示尽管千禧一代的年轻用户频繁地使用社交媒体,但是Facebook仍然拥有美国社交媒体的首把交椅。①

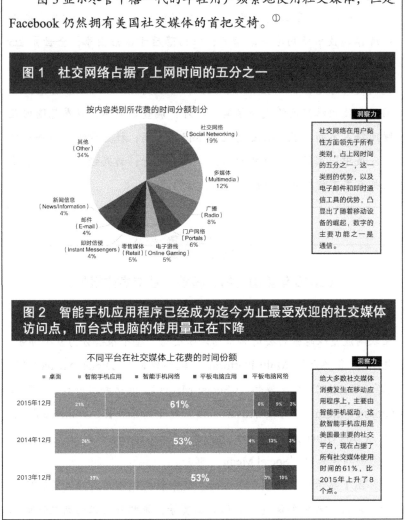

① Comscore:《2016年美国网络、移动、社交媒体报告(附报告)》,中文互联网数据资讯中心,http://www.199it.com/archives/484253.html.

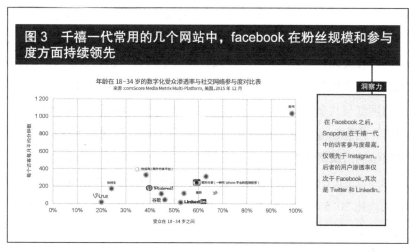

这几个报告直接显示了美国当前媒体应用的现状,"在使用社交媒体时,智能手机 APP 的使用占到一半以上",也就是说,以 Facebook 为首的社交媒体最终以移动互联终端媒介的形式得到大众的广泛接受,因为本书研究"数字媒介话语",因此"数字媒介话语源"也就是话语研究语料库的筛选更应该从这些新兴社交媒介着手。

以下是国内的具体情形。

二、中国媒体发展现状报告

"2016 年以来,在'互联网+'行动计划的推动下,新媒体加速中国发展的进程。短视频网络直播等新信息产品更新了媒体传播的形式,网红经济与共享经济推动新媒体产业发展,人工智能技术引领传播技术创新,媒体'智能化'发展,媒介融合步入提速升级阶段,内容创业步入快车道,新媒体在中国对外传播与国家形象塑造中的重要性进一步凸显。"[1]

---

[1] 唐旭军:《中国新媒体发展报告》,社会科学文献出版社,2017,第 1 页。

这是《新媒体蓝皮书——2017年新媒体发展报告》的总报告《智能化与视频化：中国新媒体发展的新趋势》的开篇部分，2016年是重要的"社交元年"，"互联网+"政策带动了一大批新商业模式的涌现，尤其促进了以移动互联技术为基础，依托微博、微信等社交媒体为平台的网红与共享经济。可以说，数字经济已经成为经济增长的新动能。同时，内容创业的形式更加多元，短视频与内容付费成为新热点。社交媒体的活跃仍然直线攀升，在腾讯公布的2016年度业绩报告中，"微信和WeChat（微信国际版软件名称）的合并月活跃账户数达到8.89亿人，比2015年同期增长28%。"[①] 以微信为例，截至2016年12月，微信及WeChat合并月活跃用户数达8.89亿人。"[②]

网络文化依旧风头正盛，成为文化产业的重要发展力量。据CNNIC统计，截至2016年12月，网络文学用户规模达到3.33亿人，较去年年底增加3645万人。《2016年度中国数字阅读白皮书》显示，"当年中国数字阅读用户数量已超过3亿人，网络文学作品不断被改编成影视、游戏、动漫等形式，随着产业链不断延伸，《中国诗词大会》《见字如面》等电视节目在网络热播，提升了文化在网络时代的发展活力，促进了其雄厚强劲的商业价值。"[③]

当然，移动新媒体是新媒体行业的首发阵营。据《中国互联网络发展状况统计报告》显示，"中国手机移动终端用户规模在2014年首次超过电脑终端用户，持续到2016年，手机用户数量已高达6.56亿人，网络使用比率提升至92.5%，由此手机作为移动终端在上网设备中已

---

① 腾讯科技，2017，《腾讯2016年总收入1519.38亿元同比增长48%》：http://tech.qq.com.
② 企鹅智库，2017，《40页报告：微信2017用户研究和商业机会洞察》：http://tech.qq.com.
③ 唐旭军：《中国新媒体发展报告》，社会科学文献出版社，2017，第38页。

占据主导地位。"① "移动 APP，即移动应用服务或移动客户端，是针对手机、笔记本电脑、平板电脑等移动终端设备，提供无线上网服务而开发的应用程序和软件；移动 APP 是当今时代最为典型的新媒体类型，业已成为人们日常生活与工作交往最为常用的新媒体产品。"② 根据《移动 APP 新媒体创新总分 TOP 10 得分情况》显示，即时通信类软件如微信、QQ，以及社交类软件如知乎、豆瓣等移动 APP 活跃程度十分醒目，视频直播类如花椒等也别开生面。而微信在"媒体品质"与"用户价值"两项首要指标中得分最高，反映了较高的产品水准。可以说，社交通信类软件在移动 APP 的阵地中独占鳌头。通过分析，社交通信类 APP 满足了社会群落中个体对话的交往渴求，以及个体向外部世界发声的现实诉求。它们在深层技术上的不断探索为用户便捷的使用与深度参与提供了源源不断的操作动力，并为用户带来持续的新鲜感；同时，拓宽了人群获取信息的渠道。

因此，新的媒介版图带来了新的叙事与语言革命。根据《企鹅智库》公布的《中国新媒体趋势报告 2017：通向媒体新星球的未来地图》，移动互联对人类生活带来了巨变，新的媒介生态与景观的建立完成了以下过程：首先，移动互联改变了用户消费习惯，用户消费时间随之分离割碎，于是，用户被激励从更多的社交平台寻找片段的、合意的文字与视频信息；无可厚非，这促进了内容为王的全民创作热情，无论专业机构还是自媒体都在拓宽媒介内容的边界。同时，还催生了媒体生产引擎，制造了浩如烟海的内容资讯，成为移动互联终端社交传播和用户黏性开发的反向拉力。而在这些变化中，新的媒介版图也带来了新的叙事与语言革命。通过谐音、缩写、同音生僻词等方式，数

---

① 中国互联网信息中心：《第 38 次〈中国互联网络发展状况统计报告〉》，2016，第 12 页。
② 唐旭军：《中国新媒体发展报告》，社会科学文献出版社，2017，第 133 页。

字媒介的年轻一代创造出网生词汇，过去更多应用于社交平台，而如今已发生了显著变化。这些词汇经由自媒体等泛资讯频道逐渐进入主流媒体。

1."每个时代都有其流行的表达，但在这个时代，流行表达被汹涌的创作者引入媒体语境。——变革：新的叙事方式和语言表达，将成为新媒体和新生代对抗传统的利器，并最终引导传统媒体接纳和认可，成就其时代性。"[1]

2."标题党在这个时代得到升华，与内容结合的标题创意，被越来越多用户接受。——变革：标题在未来信息消费中将起到决定性的作用，甚至成为内容消费的主体。"[2]

3."网生词汇已经得到部分老年人的接受，并且被媒体化。——变革：网生词汇是新一代人对成熟文字体系的扩容，这种'时代性'行为将在未来成为一种常态，创作和使用新词汇，是这一代人的印记和必然选择。"[3]

4."新的叙事表达并不能被所有人接受，依然有坚持选择严肃性表达的用户。——变革：新表达和传统表达不是替代关系，而是丰富了人们的选择。最终，读者用脚投票，每种表达方式，都有其不可替代的价值。"[4]

Twitter、Facebook、Instagram 以及中国的微博、微信、今日头

---

[1] 企鹅智库，2017，《中国新媒体趋势报告2017：通向媒体新星球的未来地图》：http://tech.qq.com.
[2] 企鹅智库，2017，《中国新媒体趋势报告2017：通向媒体新星球的未来地图》：http://tech.qq.com.
[3] 企鹅智库，2017，《中国新媒体趋势报告2017：通向媒体新星球的未来地图》：http://tech.qq.com.
[4] 企鹅智库，2017，《中国新媒体趋势报告2017：通向媒体新星球的未来地图》：http://tech.qq.com.

条①等数字媒介所拥有的用户数量级别和日常活跃度是旧媒介所无法比拟的。旧媒介技术平台的传播从业者对此的态度最能说明问题,他们普遍在感叹旧媒介正在消亡。未来是数字媒介的天下,同时整个传媒业都在向数字媒介传播转向。

至于本书研究语言的文本资料来源,因为上文已对"话语"与"语言"两个概念做出了区别,所以本书话语研究的资料来源主要集中于当下兴盛的社交媒介的话语资源集合,包括:微信、微博、门户网站、搜索引擎、即时通信、直播媒体、报纸期刊,以及"企鹅智库""中文互联网数据中心"等媒体官方数据平台,应用语言学界有关对网络语言分析的学术著作。其实,通过对以上种种迹象、条条脉络的梳理与探究,我们不难发现,无论是国外还是国内,以社交媒介为代表的诸如微信、微博、Facebook这些移动APP的热浪袭来,不止裹挟了新的叙事风格与语言革命,更为重要的是它催生了当下数字媒介口语化的成熟。

---

① "今日头条"的新媒介属性或许值得为之一辩。一方面,今日头条等信息即时推送软件上的内容不过仍是旧媒介所生产的信息,但另一方面我们不应忽视,我们能从今日头条上获得何种信息是由我们自己的阅读喜好决定的,这一点使我们也成了传播的决定者,这就是它与旧媒介的根本不同。

第二章 数字媒介话语口语化的背景分析

口语可以从三个导向来研究：传播、观念、表达。一直以来，无论语言学还是文艺理论学对于书面语的重视要远远超于口头语言。直到近些年，随着电子媒介的渐渐兴盛，社交行为的日益频繁以及社交关系的逐步紧密，口语在人们社会生活中开始上演重要角色。

事实上，"今天的文艺研究都处在新媒体语境延伸的'理论半径'上"，选取"口语化"作为研究视角，对于已有的研究来说价值颇多。首先研究数字媒介话语口语化有利于扩展"文化研究"的理论视野。当前，数字媒介话语的"强劲生产机制、传播机制和文化延伸力"，正成为当下文化研究"颇具活力"的新视野，而本书"把人的意识提高到次生口语文化的新时代"，不仅成为新的理论增长点，还加速传统文艺理论的"扩容、越界和转型等结构性变化"。其次,数字媒介话语的口语化研究便于建构"口语化"批评方法的学理逻辑。我们认为,数字媒介话语的口语化可以看作后现代主义文学思潮与媒介人性论相互冲突、融合的发展过程。而数字媒介话语生产向传统理论范畴质疑,要求新的阐释以及新的知识。事实上,它们的学理逻辑已经可以建构一套新的批评方法来解决理论变革,以此推动数字媒介文艺概念的新界定,具有重要的学术价值。最后,有利于顺应"推动媒体融合纵深发展,做大做强主流舆论新型空间"的时代课题。本书主动回应当前主流舆论传播面临的挑战,分析口语化对主流舆论传播的影响力,传播形式的创新,如何正确运用口语化的传播规律与机制,对加快主流信息有效抵达与配送,把握舆情应对的主动权,促进社会治理方面观念的更新,具有重要的应用价值。本章将从传播、观念、表达三个方面,来分析数字媒介口语化的背景。

从口语的传播背景来说,随着每一次技术的进步,人们生活的整个社会环境面貌发生了巨大的变革。这意味着不仅仅是发生了某种局部的、细小的改进,而是整个人类生活的原则发生了范式的革命。在重新部落化的今天,我们在新的媒介中再次看到了传播技术的力量,当然在几千年前拼音字母诞生时也存在过这样的力量,这就是新技术的革命动力。今天以移动互联为代表的数字媒介,其话语景观也发生了深刻的变化,口语化在这种新生力量的催化下变得极其显著。

从口语的观念背景来说,本书认为数字媒介口语化与当代生活的现实是相适应的,它的发生以当代生活的观念体系(意识形态)嬗变为背景条件。具体而言,口语化的观念依据在于:一方面,言说和表达的生成总是以一定的意识形态、价值观念为条件;另一方面,当今时代的意识形态赋予了个人化、口语化的表达前所未有的意识形态合法性和优先地位。正是因为近代以来个人自由意识与权力意识的觉醒,在观念上确认了数字媒介与口语化的优先地位，才使得后者的发展勃兴成为必然事件。数字媒介与口语化在观念层面具有内在的契合关系，当代意识形态状况则为此提供着理论的支撑。

从口语的表达角度来看，声音作为口语的重要表达方式是研究口语化的重要环节。"在声觉（数字）表征和视觉表征这两种形态之中，前者更加有力，涵盖面更加广阔。凭借电子革命，声觉空间正在战胜文字传播和视觉传播。一个世界正在诞生，它正在从前文字时代中再现出来。麦克卢汉把这个世界叫作声觉空间"。[①] 因此，作为口语表达的背景研究，在新的媒介技术的影响下"声觉空间"以及声音的未来走向都应该成为本章主要研究内容。

最后，本章将通过这三个角度来分析数字媒介口语化的背景，在论证话语口语化的同时，期望通过这些视角的分析找到此现象的理论方法。

---

① 保罗·莱文森：《数字麦克卢汉：数字化新千纪指南》，何道宽译，北京师范大学出版社，2014，第112页。

第一节　口语化的传播背景：数字媒介的催化

从地理范围上说，技术的发展缩短了人与人之间的交往距离与范围，于是人们的活动辐射面积骤然增大，口语的日常使用铺天盖地；从时空范围来说，线上移动互联的兴盛，使口语的传播尺度伸向了更多无限的可能区域，口语发挥了越来越重要的交际功用并纵横各个领域。理所当然，口语的相关研究开始得到广泛关注。口语是人类社会维系的黏合剂，口语赋予人社会属性，同时作为纽带联合社会各种因素。

一、重新部落化与口语重生

麦克卢汉从传播的角度将人类历史分为三个时代：口语传播时代、书面文化时代和电力信息时代。

时间轴表现为：人类获得语言能力→文字发明→电力使用→至今，在这三个传播时代中，主导传播的媒介深深影响着社会经济、文化生活的建设。而每一种新媒介的诞生，都会意味着旧媒介成为其附属。那么，口语在经历了书面文化和电子信息的时代浪潮后，它的地位也发生了改变。国家、民族文化传播与传承的记录方式被书面文字所取代，口语退居日常会话与交往，并在盛极一时的戏剧中，获得了新的身份化为艺术形式。直到现在，在人类学、神话学、古典学、媒介理论的学术圈子里，人们对口语文化和书面文化之间反差的兴趣仍是与日俱增。如果说书面文字是视觉的，它改变了我们的官能结构，使其变得不均衡，那么在麦克卢汉看来，信息传播时代中的电媒正使我们的全部感官延伸并卷入，官能在新的媒介里整合，每个人的完全延伸完成了"地球村"的建设。出乎他意料的是，在这个重新部落化的媒介中，电子媒介产生了新的逆转并转向对口语词产生影响，口语词再次新生成为"今日的"口语。

"重新部落化"是麦克卢汉的伟大概念，他认为人类社会自古至今经历了"部落化""非部落化"和"重新部落化"三个阶段：初民的部落社会文化以口语文化为特征，传播和交流依赖听觉，人们的生存、信息的传播处于朴素的共在之中，是共场域性的；抽象文字的发明开启了非部落化的进程，在非部落化的时代，文化的核心从口语的听觉转向文字的视觉，生存和交流更多地依赖于抽象文字所构造的概念系统和观念世界，人们被文字的中介所间隔开来；电子媒介技术的发明，开启了一个重新部落化的进程，它使得触觉、听觉等非视觉因素重新占据了文化的核心位置，人们在网络空间上重新实现了初民所采取的感性交往的方式，生存和传播重新开始以前"共在"的场域。因此，重新部落化既是一种回归，同时也是超越。在非部落化时代被冰冷的抽象文字分割开来的生存体验，让位于与部落时代类似的面对面即时交流，这是回归；而电子技术特别是今天的移动互联网技术，又使得感性的面对面交流能够超越部落时代的诸多限制，甚至为我们开启了以前从未体验过的虚拟空间。我们不再仅仅是传播的受众和信息的接收者，发送和接收、生产和消费的二元结构在传播中被超越和扬弃了，我们同时是信息的生产和消费者。在某种程度上，这意味着限制传播的时间和空间因素的消失，传播超越了时空的限制。而按照麦克卢汉的说法，我们历尽千辛万苦突破了地域和时区的限制，终于重新回到了"部落"式的交流方式中，我们"重新部落化"了。澳大利亚学者马勒在著作中表明："今天的人们，即使人们远隔万里、昼夜相隔，仍然可以依托移动互联技术无碍地交流，就好像是在同一个'部落'中面对面地交流一样，真可谓'天涯若比邻'。"①

对于重新部落化，本书认为数字媒介技术所延伸的中枢系统，使我们深度参与世界范围内的信息流动。这种全身心的浸泡使人们回到了曾经自己与他人密切接触的状态。但是，数字媒介技术的瞬时性质完成了"地球村"的建设，非集中化促成了多样性部落的新型生态景观。开放社会是拼音文字衍生视觉文化的后裔，而封闭社会是口传话语构造的听觉文化的产物，但这个社会正在新生。部落要求无所不包无所不容的多样性，而与此相比，电力技术锻造的地球村激发出更多的非连续性、多样性和区别性，产生出最大限度的不同意见和富有创造性的对话，学者格勒迪纳鲁（Gradinaru）2016年发表的文章持有同样的观点：简而言之，全球村缩小了空间心理而促进了多样性存在。②麦克卢汉欢呼电子时代的来临，他如萨满一般歌咏着西方人从传统中解脱并重新整合成为完全的"部落人"，他说地球村中的部落鼓正在击响，属于电子时代的那些完整感官的思维正在敲门。电子媒介恢复了人的感官平衡，使人重新部落化，完成向生命体更高层次的跨越。③当前，人类日常用文字书写表达微乎其微，新的社交媒介的介入，使得日记等用文字来书写的频率减少，长篇的博客文本也在经历着用户的急剧缩水。德国学者安德鲁·措普洛斯（Androut Sopoulos）的研究表明，数字媒介语言的使用泛滥，终将壮大口语化潮流。不同媒介的语言习惯，如书面媒介，也终将视口语化为其归宿。④

---

① Muller, L. (2008). *Towards an oral history of new media art.* Daniel Langlois Foundation.
② Gradinaru, C. (2016). *The Metaphor of "Voice" in Computer-Mediated Communication.* Agathos, 7(2), 121.
③ Ibid.
④ Androut Sopoulos, J. *Language Change and Digital Media: A Review of Conceptions and Evidence.* Standard Languages and Language Standards in a Changing Europe. Novus, Oslo, 2001, pp.145-160.

二、媒介话语裂变与口语词升级

语言是人类历史经验的整合存储系统，事实上，我们每一次使用语言，都是对古老经验和记忆的重新释放与感知。因为，语言与感知是相生的。在《理解新媒介——延伸麦克卢汉》中，罗伯特·洛根（Robert K. Logan）以类人猿的群落生活为例做了很好的解答。在言语出现之前，类人猿的生活技能以及社会、家庭关系处理都要依靠思维的感知，但不断累积的感知发展到复杂程度时，思维的抽象是应对不了生活的丰富与多变性的。于是，抽象等级会被提升，口语的概念由此产生，一个语词就是一套经验感知系统，口语词就是概念表达的媒介。

当然，在重新部落化的今天，我们的一切感知被重构，就如同原始部落最初的那个形态，新的官能被延伸颠覆，在新的媒介中人们开始用新的语词来传递新的经验，这些语词又升级为更高层次的口语词来表征意义。再看语言的起源和演化规律，洛根指出："致使新语言形式出现的机制是信息超载的复杂性，由此产生的新语言是新兴的现象，因为它们含有新的属性；从过去的语言中我们无法预测推导或还原这些属性。因为，每一种新语言出现时，都处在一个新的层级，都是回应信息超载混沌的结果，而信息超载的出现是在使用较早的那些语言的过程中产生的"[1]。"许多人把互联网看成地球村。口语文化是部落人心灵在部落范围里的延伸，同理，互联网是用户心灵的延伸，不过其延伸达到了全球的规模。"[2]这就意味着，媒介是人意识的延伸，移动互联的联结性使线上用户成为彼此意识的延伸，他们足不出户，就可以与世界各地的人们进行意识交流。这与原始部落极为相似，原始人就是通过日常生活经验分享，彼此陈述来完成意识的延伸。旧的语言载

---

[1] 洛根：《理解新媒介——延伸麦克卢汉》，何道宽译，复旦大学出版社，2012，第27页。
[2] 洛根：《理解新媒介——延伸麦克卢汉》，何道宽译，复旦大学出版社，2012，第213页。

体已经承担不了移动终端这些数字媒介所赋予的信息量,以书面语为首的语言开始出现裂变。

接着,洛根慧眼如炬地发现了"新媒介"对书面语的冲击,以此找出了"新媒介"书面词口语化的趋势。原书中这样写道:"电子邮件、互联网和其他形式的互联网传播呈现了一个新的特征:像口语词一样较少抽象、更加直接。网上接力聊天的名字反映网络中介传播宛若口语的性质。用电脑书写有口语性质,这不应该使我们感到奇怪。"[①]40多年前,麦克卢汉(1964)在《理解媒介》里指出,电力媒介(他指的是电力大众媒介和计算机)的影响是再现口语传统模式。当然,"数字媒介"语言的口语化并不是一蹴而就的。其实,传统报刊中的新闻报道口语风格也在逐渐盛行,后来的 E-mail、短信、各种聊天工具中突出的口语化交流,让这些非正式文风的格调一点点地瓦解媒介书面语的正统地位。并且,除了以上媒介本身特征所导致的口语化倾向,根据洛根的判断,影响书面辞口语化的线索还有另一个方面:情感符的出现。情感符就是利用键盘中标点符号、字母、输入法表情等符号来辅助表达情感,情感符的出现使媒介交流中的人们心情更放松,情绪更易表达。这些有一定数量的象形符号用来传达各式各样的语气,以弥补无法面对面交流观看彼此面部表情的遗憾。其实,情感符的书写并不难,书信甚至是简单的打字机都可以使用,但它一直并未出现在纸媒中,却依附于"数字媒介"而产生,这便是"数字媒介"口语化的重要表征。即使互联网、移动终端中的交流者们使用书面语词,他们也会将其赋予新的意义,书面语期望模仿口语以缓和自身属性的严谨气氛,毕竟,在这里传播模式是建立在口语和社交模式之上的。一丝不苟的标点和精密的语法陈设只会让语句生硬,交流有障碍。在塔莉亚蒙特(Tagliamonte)和丹尼斯(Denis)的学术论述中,即使邮

[①] 洛根:《理解新媒介——延伸麦克卢汉》,何道宽译,复旦大学出版社,2012,第89页。

件、聊天工具的交流是以书面形式存在,但因其本质是带有口语结构的言语,因此而被视作一种口语化的存在。①

第二节 口语化的观念背景:个体精神的觉醒

本节笔者着重分析现代生活的社会意识和个体意识嬗变对口语化的影响,即考察社会意识形态的变化如何为口语化提供观念和思想条件。

数字媒介口语化的意识形态条件分析,涉及表达与意识形态关系问题。从根本的层面看,无论是原生的口语还是次生的口语,口语表达之所以可能,基于一定的内在基础。按照康德的观点,人对于世界的认识之所以具有客观真实性,并不是因为我们所认识的"物"是客观真实的,而是因为我们对它们的认识遵循着一定的内在的、意识的法则。康德认为"物自体"是认识所不能及的,认识之真理性的保证在于主观认识能力所拥有的客观的知性范畴。比如我们之所以能够得到"太阳晒热了石头"的看法,并不是因为太阳与石头之间具有如此的客观联系,而是因为我们把内在的"因果"关系加到了太阳的出现和石头的升温两个现象之间。更为精确地说,正是因为我们先行具有了"因果"的观念,我们才把一个现象理解、领会为"太阳晒热了石头";如果没有先行存在的"因果"观念,我们将会对这一现象作别种解释,或许更糟糕的是我们将无法理解这一现象——我们必须承认确实存在着很多我们不能理解或理解有差的现象。实际上我们当然理解了"晒热"现象,正是因为我们内在地拥有着"因果"范畴这个"眼界",而正是"眼界"作为认识的"中介""媒介"使得认识活动开展

---

① Tagliamonte, S. A., & Denis, D. *Linguistic ruin? LOL! Instant messaging and teen language.* American speech, 2008, 83(1), 3-34.

开来、成为可能。经验得以有效的条件除了客观存在的事物，同样不能缺少的就是主观的、内在的条件。

因此，当我们试图去认识、理解、解释一个现象的时候，总是不能忽略主观的方面，它为认识的真理性提供着保证。对"话语"和"言说"来说，我们之所以能够对社会现象做出描述、对思想做出表达，是因为我们使用了既有的眼界对客观的社会存在、心灵的表象进行了"加工"，这种既有的眼界就是"意识形态"。[①] 换言之，话语的生成离不开意识形态的作用。比如当我们将一个行为描述为"打架"，是因为相应的伦理观念（意识形态）参与了描述话语的形成，若非如此，呈现在眼前的不过是"两个灵长类动物的肢体剧烈地接触在了一起又分开"，可见如果离开了意识形态，话语的意义就缺失了。经验、话语的形成离不开意识形态，评价也是如此。不同的意识形态对同一现象做出不同的评价，比如"打架"在革命者眼中是"英勇的斗争"，在被革命者眼中则是"无赖的纠缠"，法学家看到了"生命权利的侵害"，而经济学家则看到"不可控风险的升高"。利益相互冲突的群体对同一现象的表述和评价必定是相反的，而相应的意识形态起到的作用就是为之形成有效的话语。

意识形态为言说和表达提供着理论的条件，因而数字媒介的口语化的发生，是以一定的观念体系（意识形态）嬗变为基础的。这就需要我们去考察当代生活变化所引起的意识形态变化。前面我们已经指出，今天的人类时代是资本主义全球化的时代，那么哪些意识形态变化为数字媒介传播的口语化提供了支持呢？笔者认为，至少有两个要点值得深入探讨，即个体自由意识和权利意识的觉醒。

[①] 需要指出的是，意识形态总是社会性的，对自然界的描述不涉及人与人的关系因而不存在意识形态的问题。但社会现象、社会行为总是在人与人的关系之中发生的，意识形态就是社会存在的主观反映。

一、个体自由意识与自我表达

自由、民主、平等是近代西方启蒙运动以来具有广泛意义的人类价值追求，也是我国社会主义核心价值观的重要内容。广义上的自由即人去实现自己的理想，这是人不同于其他动物的根本特征——提出理想，实现理想。就此而言，近代以来的科学和工业革命以及资本主义生产方式的最大历史功绩就是极大地解放了人类生产力，为人类社会实现自由提供了前所未有的现实基础。马克思说："资产阶级在它的不到一百年的阶级统治中所创造的生产力，比过去一切世代创造的全部生产力还要多，还要大。"[1]生产力的极大提高意味着每个个体对于生产生活的重要性都上升了，个体的成就甚至能够改变一个时代的面貌，因而每个个体的内在价值都应当被充分地肯定和珍视，每个个体的自由都应当被充分地保障，给予他通过实现个体自由和理想从而为整个人类做出贡献的空间和自由。这就是近代以来强调个体自由的意识形态转变，要知道在此之前人类不过是奉献自己服务上帝或者听命于家族集体的不自由个体，正是马克思所谓"人的依赖关系"[2]，人必须依附于他人、大部分地舍弃自由理想来生存。而任何生产力的解放和提高，本身就意味着自由（freedom）的实现和自由权利（liberty）的成立，即取得"建立在个人全面发展和他们共同的社会生产能力作为他们的社会财富这一基础上的自由个性"。[3]

自由个性的取得和发展唤起了人们自我表达和展现个性的巨大热情，然而，传统媒介所能够提供的表达空间和自由度，远远不能满足人们的要求。人们对于表达的需求，无论从量还是质（自由度）方面

---

[1] 马克思，恩格斯：《马克思恩格斯全集第4卷》，人民出版社，2006，第218页。
[2] 马克思，恩格斯：《马克思恩格斯全集第46卷》，人民出版社，2006，第104页。
[3] 马克思，恩格斯：《马克思恩格斯全集第46卷》，人民出版社，2006，第104页。

求说都已经远远超出了旧媒介的承载能力。只有数字媒介才能更好地承载这一爆发式增长的需求。以微博和微信为例，数字媒介允许人们随时随地高自由地表达自己、发布信息，这是旧媒介传播无论如何也达不到的。在即时性上，旧媒介的制作耗时远远高于数字媒介，而旧媒介传播的门槛和技术难度远远超过数字媒介，只有后者才能真正做到及时性地表达和传播；在内容承载量上，旧媒介与数字媒介无法同日而语，不论是报纸还是电视都无法像数字媒介那样毫不费力地承载每个个体的传播需要，我们在微博、微信客户端上随心输入、轻点发布所完成的传播行为与旧媒介基本是类似的，但不要忘记数字媒介允许数以亿计的个体同时完成这一活动而旧媒介所允许的数量是极为有限的。从充分表达个性的能力看，只有数字媒介才能保证个体自由的全面实现和发展。

基于这一事实，数字媒介在意识形态上就被附加了"自由""个性"的标签，而更深层的意识形态事实则是：数字媒介获取了不可置疑的"合法性"，没有人敢否认数字媒介是传播的未来。口语化之所以可能，正因为它与数字媒介是"天然"契合的。一方面，数字媒介更好地满足了人们的表达需要。次生口语是个性化的、自由的、随性的表达，而旧媒介的诸种限制妨碍了它的自由表达，所以当人们希望直抒胸臆时数字媒介就是最好的表达平台。而数字媒介的即时性、便利性也极大地满足了人们随时表达和传递信息的需要。数字媒介对信息更为包容，它既可以承载旧媒介上的程式化内容，也可以满足人们对口语表达的需要。另一方面，自由、即时的表达和信息传递作为全球化和地球村等生产生活方式的必然和内在的需要，也催生着能够满足这一需要的媒介的产生和发展。只有注意到商业和风险投资对于发展数字媒介传播以及移动互联网的兴趣和能力，才能真正揭示数字媒介传播是如何在短短十几年的时间内迅速发展和改变了传播业态的。

二、个体权利意识与数字媒介"发声"

古语有云："大凡物不得其平则鸣"[①]，人在社会生活中遭遇不公平对待以及利益的受损往往是他主动发声的一个重要原因，而媒介在公共生活中承担着社会问题讨论平台的作用。但在旧媒介上，对利益和权利问题的讨论往往是"事后性"的，即发声主体的斗争已经有了结果才呈现在媒体的报道上。因而旧媒介很多时候只是斗争胜利方的宣传工具，毕竟其媒介传播方式和信息容量限制了随时报道的能力。

但数字媒介则不同，它可以成为"不平则鸣"的人们在公共空间公开发声和表达权利诉求的有效平台，为人们争取自身的利益和权利提供有效的支持。比如，2018年春节前夕，山东德州皇明集团董事长黄鸣通过企业的微信公众号发表了《黄鸣实名举报市委书记，质量卫士维权营商环境》的文章，实名举报德州市委书记新官不理旧政，引发了社会舆论的强烈关注，是数字媒介传播有效支持权利诉求表达的典型案例。在笔者看来，其中两个要点值得我们认真分析。其一，权利诉求和斗争之所以发生在数字媒介上，是因为旧媒介无法很好地承担这一公共职能。其二，我们应当注意到，数字媒介热点事件的传播用语具有明显的"口语化"特点，比如我们摘取以上文章的开头一段："我是黄鸣，两届全国人大代表，国际太阳能学会三届副主席，皇明集团董事长，在万般无奈、忍无可忍的情况下，我已经向有关单位实名举报德州市委书记陈勇懒政不作为，新官不理旧政，不兑现承诺，不管几千员工、上万经销商、数万家属的死活和出路，冷漠无情，无故赖账逃责将皇明拖入严重危情，毫不理睬。"[②]可以发现，文章是用口语化的语言书写的，与旧媒介对此类事件的报道体例和语言都十分不同。

---

① 韩愈：《送孟东野序》。
② https://baijiahao.baidu.com。

从传播的角度看，承载信息的质料不是书面文字而是次生口语，这是数字媒介传播的一个核心特征。

当事人后来的回应文章里，仍然使用了口语化的表述："本来除夕前就该动笔给那些爱我挺我的亲朋好友们写几句心里话，尤其要感恩大家多年的不离不弃，无奈这二十几年如一日地访贫问苦、拜望元老和慰问坚持岗位的职工，直到今天才静下来，给大家微信拜年，祝大家狗年旺旺幸福安康！"[①]对于企业业务的介绍和宣传，也明显有别于旧媒介报道的文体，而是更为口语化："皇明作为母本，她的优势是绝大多数作为父本的互联网企业没有的，就是她的产品的原创力和极佳的主业品质优势（口碑和品牌），而互联网企业机制灵活和无处不在的沟通力、营销力是我们所缺乏的，除了我们上门学习，主动改造之外，还要请进来，在利用皇明六净家园良知绿群商进行宣传的基础上吸引互联网企业和互联网界的人才搭建自己的平台。"[②]

现代社会的基础是法制，在法律允许的范围之内主张自身权利，包括通过司法途径维护自身权益，是当代生活意识形态的重要基石。我们认为，正是因为次生口语在数字媒介传播中占据主导的地位，所以数字媒介才能够为社会主体的权利表达提供有效的支持。此类事件往往难以在旧媒介上获得报道机会，然而，即使旧媒介报道了此类事件，其能够达到的传播效果也难以比拟本事件的现状，其原因就在于旧媒介传播的文字报道的传播力在多方面都低于数字媒介传播的次生口语。首先，与文字报道来自记者采编不同，次生口语来自当事人，对于读者来说是更值得信任的信息源；其次，由当事人采用口语表达绘声绘色地描述事件大大地增强了信息的感性感染力，听者犹如面对面地聆听当事人的讲述，这样的传播效果是文字报道所无法企及的。

---

① https://baijiahao.baidu.com.

② https://baijiahao.baidu.com.

当人们希望通过发声来表达权利诉求的时候，数字媒介已经成为了首选。近几年来，微博和微信传播所制造的热点事件数量和关注度都已经超过了旧媒介，并且差距还在不断地扩大。从民众日常心理来说，对热点事件的期待已经从传统媒介全面地转向了数字媒介。

口语也是一种技艺。它将人与客体的距离拉远，使意识快速独立移动并脱离集体意识，将人本该归属于集体的直觉这一感官能力削弱。麦克卢汉在《理解媒介》一书中将口语词戏谑称为"邪恶之花"。他主张在研究口语词的过程中将口语词和书面词作对比，以此详探口语词的诸种性质。最初他通过列出唱片主持人的节目录音记录来表示，口语在使用过程中需要感官的多层次卷入；为了完全调动听众听觉，口语者依靠自己丰富的口头经验尽力地卖弄所有与动作相代替的声音体验，这与日常生活紧密依附。口语词依靠听觉，所以与书面拼音文化趋向隐私保守相比，口语更凸显社交的开放性。言语区分了主体与客体，将人与他者、将人类与宇宙区分开来。同时，言语裹挟着人本身多种情感体验外化，成为人类属性的高超技艺，并将人与动物区分开来。麦克卢汉形象地将人耳比作可以转换电磁波代码为声音的无线接收设备，将嗓音比作可以将声音转换为电磁波的无线发射设备。于是，在发射设备运转之前，一定有一些表情达意的方式来辅助传播，这便是反映在各种言语中的感官能动性。这便有了不同种的言语，决定了不同的意识形态。这样看来，言语是可以改变这个世界的，而口语的声音力量也是巨大的。

第三节　口语化的表达背景："声觉空间"的再现

声音是口语的输出载体，也是口语的表达方式。学者阿尔伯特·贝茨·洛德（Albert Betzolde Lord）认为：在口头诗学的创造中

"一个词会从语音上预示着下一个词的出现;一个词组对于下一个将要出现的词语的暗示,不仅仅是由意义、意义出现的先后顺序,而且也是由声学价值所决定的。"① 也可理解为,我们研究口语文化,有关口语的声学价值是无法避免的重要环节,毕竟在没有文字出现的传播时期,声音就是一切交流的文本。麦克卢汉也曾指出:"前文字社会人们的感官是平衡的,这是一个具有部落深度和共鸣的封闭社会,是一个全由听觉主导生活并决定结构的口语文化社会。在这个社会中,所有部落的人和谐相处,毕竟口头文化中行动和回应是同步的。"②

"声觉空间是一种与口头表达以及电子技术相关的,没有边界和中心的球形开放空间。"③ "麦克卢汉'从未停止通过声觉空间的相关性来理解电子世界的共时性。'(麦克卢汉,2005b:101)因为麦克卢汉认为这种共时性代表着声觉空间对电子文化的'再次征服'(麦克卢汉,2005d:6)。"④ 与视觉空间相比,声觉空间是有机的、不可分割的,是通过各种感官的同步互动而感知到的,是一切感官的同时外在载体;与理性的"图形空间"相对,声觉空间不是序列的而是开放的,充满了部落回音的世界共鸣;从传播学的角度看,无文字社会中人们依靠口语词获得信息,并借助口语词传递多样的情感,因此,口语词比书面词承载了更多的丰富性。所以说,部落人拥有着情感复杂的、有创造性的内心世界,但文字的出现转向视觉,削弱了多样性。在原生口语文化中,部落人传播信息借助更多的是听觉与触觉,而在数字媒介世界中的我们,却又依靠哪些感官呢?久而久之,麦克卢汉便产生了

---

① 阿尔伯特·贝茨·洛德:《故事的歌手》,尹虎彬译,中华书局,2004,第44页。
② 麦克卢汉:《麦克卢汉精粹》,何道宽译,南京大学出版社,2000,第364页。
③ 高慧芳:《论麦克卢汉的声觉空间与视觉空间——对麦克卢汉媒介思想的一种新理解》,《国际新闻界》,2016年第4期。
④ 高慧芳:《论麦克卢汉的声觉空间与视觉空间——对麦克卢汉媒介思想的一种新理解》,《国际新闻界》,2016年第4期。

疑问，并留下了很多的重要课题：人类未来的走向是否会回到集体无意识的无语言状态、回到口语产生之前的景观，这样的景观与莱文森笔下的"声觉空间"又有什么关联？而电子数字媒介的出现，口语以新的形态得以复活，那新的媒介、技术如何干扰口语以及干扰口语的有声属性？在新的媒介的影响下这种有声性到底有何种走向？这些将在下文做出探讨。

一、语音听觉的主导

语言是一种口语现象。自史前文明以来，人与人之间的沟通方式，千姿百态。有人存在，就有语言存在。细细看来，从语言主体自身的感官延伸出发，可以分为触觉、味觉、嗅觉、听觉与视觉。当然，手势也可以作为辅助语言传播的重要手段。一切辅助交流的手段，都是建立在独立的口语制度之上的，否则任何意义便无从言说。从深层意义分析这五种感官延伸，可以看出听觉是占主导地位的。因为大部分语言的活动样式就是听与说。顾名思义，听觉作为语言的首要接收官能，其存在方式便是声音的传导，也就是语音。而语音作为口语传播的有声载体，其功能是覆盖式的，是语言的首位属性。在书写文字之前，语词只有客体对象存在，并无文字主体存在。这种情况下，语词仅仅只是语音。一切的存在方式也只能基于语音。语音的存在是看不见摸不到的，你无法找寻，只能靠头脑来回忆。因此，记忆力对于口语的传播是极为重要的。

语音是运动的，文字是静止的。语音转瞬即逝，如事件一般，发生、结束、消失。而书写文字是事件的证据，是分类的可能。语音可以印证发出者的生命存在，而文字却不然。声音拥有一个与视觉、味觉、嗅觉、触觉客体所不同的特征，在任何场景中声音仿佛永远与人本身紧紧相依，四面八方发出的声音最终都会传到人的本身。简而言之，就是声音的"非我不可，无处可逃"性。毕竟，夜晚我们可以闭眼关闭视觉，但无法关闭耳朵；无直接接触时，我们的触觉也没有什么用处；而听觉，却替我们白天黑夜不间断地监视着这个世界。

所以说，口语是一切语言交流的基石，而有声性正是口语的根本属性。"在历史上数以万计的语言中，大约只有106种语言曾经不同程度地使用过文字或产生了文学，绝大多数的语言根本就没有文字。"[1]可以说，许多现存的口语，有文献记载的也是屈指可数。口语，作为一股涌动的无穷力量，照耀着经年累月永不衰退的人类部落，见证了生物体的有机内在，激活了所有动态的活动。通过回顾人类的传播历史，我们会发现，每一种新的媒介都会将旧媒介内化为自己的内容，而口语作为最古老的媒介语言，存在于一切新的媒介之中。在继而往下的媒介发展中，口语仍会与我们形影相伴。但口语的有声性与他的独享"声觉空间"又有何种走向与表现呢？

二、装置艺术展：《透明的声音》

媒介话语的表达在经过口语化的改造后，会着重突出它的声觉特性而削弱话语的规范与秩序，媒介话语在参与交流的过程中，总会追求声觉的最大化来寻找感官刺激，强化言语的表达。因此，话语的有声环境也是一个需要研究的重要问题。

赛博空间，是指数字（数字媒介）时代的声觉空间，是由前文字时代再现的数字时代的声觉空间。它不是单一的数字、物理、宇宙空间。它生于原生口语文化的时空，崛起于次生口语文化的媒介场域。

---

[1] 沃尔特·翁:《口语文化与书面文化：语的技术化》，何道宽译，北京大学出版社，2008，第3页。

保罗·莱文森在《数字麦克卢汉：信息化新千纪指南》中对"言语媒介的第一性"这个问题，是如此解答的："倘若回到人类最古老、迄今为止最有效的传播方式——言语，并问其内容是什么，也许我们会说是思维、思想、情感等诸如此类的东西。如果我们探索这些'媒介'——即思想的媒介——内容，我们就遇到真实的外部世界的内容（包括人体及其状态），也就是客体、参照和原型。这些东西是传播及其表现形态所要体现的一切。"[①]

拼音字母是语言的视觉表达，是视觉的产物。因此，麦克卢汉便将拼音字母作为视觉空间的"主要规划者"，他认为字母与口语词相对，字母从口语词中汲取力量。然而，莱文森认为不然：既然麦克卢汉指出了媒介与内容的明显区别，内容就像窗外看到的石头，它的内部并没有我们可以认为是内容的东西，它只是物质成分不可以传播。因此，字母表并不是它描写的任何东西、任何事情，也就不是世界的内容，实际它应该是声觉的东西。同时，数字时代的今天是声觉空间的张力在主宰的，而字母表作为此空间的主控媒介，给数字网络也带去了自身的属性。[②] 通过对比，视觉空间因为带有固定的视点，所以精确又受限；而声觉空间却带有含蓄隐蔽性，所以便有无数的可能延伸。网上的声觉空间可触可摸可控制，因为我们可以随时开始在线音频播放（Real Audio），而网下的声觉空间通过网上"字母表"的编码加工，增强了收听的可控性，使其在网上的声觉属性增强。于是，莱文森确信字母表摒弃了纸张赋予的非互动属性，转而在它创造的网上的声觉空间里寻找自己的互动属性。由此看来，当下的世界是需要用前文字的眼光来看待的。这让莱文森更加深刻地看到，他面前的这个声觉空

---

① 保罗·莱文森：《数字麦克卢汉：信息化新千纪指南》，何道宽译，北京师范大学出版社，2014，第109页。
② Theall, D. F Beyond the Orality/Literacy Dichotomy: James Joyce and the Pre-History of Cyberspace. *Postmodern Culture*, 1992, 2(3).

间既有文字的东西,也有前文字的东西,网络与字母表交错,声音从四面八方传来,最终,他创造性地称这个空间为赛博空间。

2017年5月8日上海民生现代美术馆主办展览——《透明的声音》,共展示了40余件装置艺术作品,目的是实现多层次多角度的听觉场景,吸引观展者参与其中。整个展览的陈设运作如同一个巨型乐器,"声音"和视觉一起构成其主轴。全部的展示作品通过声音变化、沉默和"几乎没有的声响"演奏了一部恢宏乐谱,使参展者的意识无时无刻不参与其中。展览里遍布着密室和浸入耳机的声音空间,这些场所让声音变得立体化从而让参展者倾听自己的内心。声音作为纯粹波动且难以察觉的空间把此次展览串联起来。尽管保留着通透感,但声音并没有丧失真正的物质性。

在数字领域中,混合和交融的潜在可能性是无限的。展览作品探索了声音的呈现方式,他们依次分布在美术馆的四层,在光和暗、快与慢、无处不在的声响与不可感知领域之间不断切换,它们让虚拟场景、生态系统、可以触及的现实和发光的回声互相冲突,这条遍布可能性与新奇性的观赏路径,充满了倒影和模糊的往昔,直到静默被聆听,让人感受到声音不可磨灭的本源。同时,它还让人们深刻地感触到:声音作为部分感知的消失,会促使人重新架构时空。

地平线;格里高利·沙通斯基;影像/高清影像;
1920×1080;立体声;5分03秒;2016

《地平线》：互联网的属性是虚拟非物质的，然而，网络却建立在庞大的数据电缆基础设施建设之上。这个装置突出了媒介技术本身的物质性。

互联网在20世纪呈现出的属性是非物质化的，好像"飘在云中"。然而，网络是由一个繁重的设施，即洲际电缆和集中数据的数据中心组成的。《地平线》是一次在照片里的无限遨游，视线不断延展的同时眼睛却保持静止。

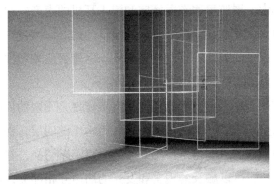

电磁音景；王福瑞；声音装置；尺寸可变；2012

《电磁音景》：如今的都市更像是一部以电磁音景为幕布的物质化部落影像，电磁波重构了声音与空间的原始组合，时空变得面目全非，感知在这种错觉的主体间性中不停置换。这个装置的表达重点在于声音在未来电磁技术的推动下，重新构造一个感知会部分失衡的时空。

电力的发明，带来第二次工业革命。电流在都市中犹如人体血管般密布漫流，透过线圈将听不见的流窜电磁波换成声音，犹如都市的电磁音景。《电磁音景》出现在坡道展厅刚开始处，作为一件声音互动装置，运用电磁技术将声音与空间再度解构，一个个通电的铝制框架悬吊在空中，观者须手持特制仪器走近这如悬浮都市般的装置，才能聆听到艺术家录制的电磁音景。

椭圆；多米尼克·布莱；装置；尺寸可变；2010

《椭圆》：声音因设备媒介的逆向使用而产生变化。这个装置突出了媒介对声音的逆向决定性，也许在未来时刻，只需改变声音的传导方向就可改变时空结构。

此展品由 16 支三脚架上的麦克风组成，它们构成了一个在空间内倾斜的圆形变体，正如一个椭圆一样。在剥离了（作为接收器的）原始功能，并连上了（隐蔽了的）电脑声卡用以发出声响后，这些麦克风被"逆向"作扬声器使用，以此重建起回荡在装置中的声响，描绘出一个充满悬念的"椭圆"效果。电脑程序会逐渐开启 16 个声道，根据升速再降速的规则，让人感到每个声响分子在空间内划出的轨迹。通过反向的声音传播顺序——原本的录音设备被当成音响使用——使得这个装置给观众带来一种困扰，并会因为立体声音材料的重复性和催眠性而被放大。这个设备的静态面会与通过声音脉冲模拟的变速圆圈运动产生对比。观众可以绕圈，也可以跟随声波频率尽情漫步。

此处时间长流，帕斯卡·弗拉芒；让-弗朗索瓦艾斯塔杰；
亨利-夏尔·卡杰；声音及视觉装置

《此处时间长流》：听觉延伸视觉，声音和画面就可以架构时空。声觉与视觉的不同步，声觉的多层次与视觉的单层次，声觉的动态与视觉的静态对比，许多感官被展示出了它们抽象的排序状态。这个装置突出了感官的序列状态，通过改变它们的层次与秩序，就可以构造新时空。

这是一个给观众新体验和视听范式的装置。图像，无论是瞬间的还是含蓄的，缓慢铺张并互相覆盖，揭示了它们转瞬即逝的性质；它们如同一个描写静谧风景和空间的长布。声响在几条轨道上传播，并占据了整个空间，并游走其中。它们通过听觉来开拓视觉。音响安装在六个播放点，它们把观看者置于注意力极度紧张的境地。声响和画面间的平衡重新组成了一个新时空，一幅精神地图。观看者的心只需随着装置引起的波澜飘荡而达到完美的境地。

这个展示作品使用嵌入式思维，无论大小，这些装置和机器与观看者形成了一种等量的亲密关系，无论是调整视野使我们凑近看微缩人像，还是在装置作品中层叠出现的全景式远观，都意欲把我们置于世界的中心。他让我们用新的眼睛来发现世界，好像我们是远方星辰的来客。

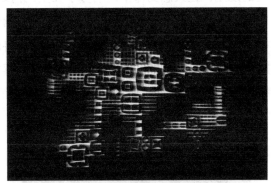

见花又是花；江元皓；影像 3D 动画；
光雕投影 7 分 07 秒；2010

《见花又是花》：空间的观念因为科技的进步及网络的发达超越了文化及语言的隔阂，而今天，我们其实更着迷于"联结方式"的本身。这个装置突出数字媒介时空中虚拟和物质复杂的交替感触。

新媒体创造了一个没有国界限制的网络空间，为人们开启了一扇通往美丽新世界的窗，也为每一个个体而构筑、存在、壮大。我们交流、分享、谈恋爱，但我们却永远只能在窗外。投影在墙上的3D影像结合了展览空间的结构与透视关系。观众必须站在特定角度才能关注到3D影像与展场空间之间的关联性。如果在其他角度观看墙上的影像，将丧失作品与空间的透视关联性。这样观看作品的方式凸显了我们在现实生活中对于"实"与"虚"之间的混淆议题。

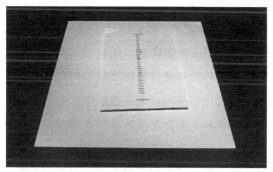

我的朋友；李宇航；声音装置1分36秒；2015

《我的朋友》：新媒介使声音消解了文字，文字又重新回归有声属性。文字失去了物质基础。声音这种非物质事物却以物质的形态存在，且越来越重要。这个装置表达在数字媒介中，声音与视觉结合紧密，他们以文字为符号转换器，时而物化时而非物化。

作品由一张纸和苹果品牌的IPad（平板电脑）组成，IPad被藏在这张纸下面。观看者看到纸张后，大脑识别字符形成语音意识。同时，纸张下IPad也会发出纸张上字符的有声读音，这时，视觉与听觉错位。

听觉和视觉在这个作品里相遇，但这两者并不具有同步性，声音让文字消解，而文字又回归声音。形式在作品中成为内容，混合了两种不同的视角，打破了想象中的重复的形式，造成了一种意想不到的效果。这种即兴的形式体现了两种媒介的透明度。这片有声纸既是物质的又是非物化的。声音与视觉的结合互相物化又脱离物化。

整个装置艺术展，展示了数字媒介下声音与时空的重构关系。当文字被声音消解，我们的一切想法的传达只能依靠声音。而声音与思维想法又有什么关联？本书有如下的看法。无论在书写文化还是口语文化中，语音与语言发出者的思维存在相互关系且相互制约。单在口语文化里，语音即是所有，一切口头的表达都受制于此，语音的作用呈现出江翻海沸之势，指导并决定着人们如何去表达，如何去思考。麦克卢汉对中国的会意文字可谓是倾尽了研究。在《麦克卢汉精粹》一书中，他曾提到，中国活字印刷术的发明比西方要早几百年，但却因为表意文字的特性并没有使这种技术成为时代革命的催发利器，中国的大众媒介如报纸与书籍的到来还是晚于西方。这有几点原因：首先，他认为会意文字不太适合互换性的活字排版。西方拼音字母一共26个，而汉语框架内的偏旁部首的组合，却有上千计数。其次，麦克卢汉发现，媒介的更新与其先行媒介的兼容有重要关联。他指出，会意文字的建构法则在于将不同的形象并置，而这种手法成为后来电影中"蒙太奇"手法的先兆。西方人称为"internet"，在中国叫作"互联网"，"联"字由"耳"与"丝"会意并置而成。因此，在书写时会意与拼音字母相比需要更多的技艺和思维。所以说，针对麦克卢汉关于拼音字母这一书写媒介对思维影响的研究中，汉字作为表意文字的代表，影响力的确不可同日而语。但是，这种区别正在被磨平。

当前的数字媒介时代，一切表达依靠于手指对键盘上意义符号的召唤，并不需要你对会意字的必要书写技能。人们无须顾虑偏旁部首的严密搭配，只需要语音的口头记忆能力。同样，在移动互联时代，人们可以轻轻松松地书写会意文字，即使识字不多，也可以像拼音字母社会中的人们一样掌握文字的能力，只要语音存在于你的口头记忆，表达与交流就成为可能。于是，语音的记忆力成为数字媒介中话语表达的关键。声音是口语的基本属性，它是构成口语传播的重要载体，而记忆力无可厚非，它是口语生产的重要推力，是口语传播的基石。关于记忆力，本书将在下一章详细解答。

第三章 数字媒介话语口语化的理论阐释

本章将从口头程式理论、应用语言学理论、文学意识形态理论的视角对数字媒介话语口语化进行新的理论阐释，本书关于"口语化"的论述是以沃尔特关于"次生"与"原生"口语文化的理论为前提的，虽然沃尔特在关于"次生口语文化"的讲述中并未做多层次的深入探讨，但他已经明确指出：要想解决"次生口语文化"的问题，最重要的路径就是回到"原生口语文化"中找密码，而解决"原生口语"也就是口头诗歌的钥匙正是"口头程式理论"，它为当前媒介口语化的研究带来了新的生机。本书将会延续沃尔特的思路，尝试运用这个理论来打开数字媒介话语口语化研究的大门，为纷杂的困惑找到出路。此外，从文学意识形态的角度对数字媒介的口语化作出理论阐释是必要的，因为无论数字媒介口语如何发展都离不开口语的文学性，而文学意识形态性正是帮助我们深刻理解口语化内在特性的一把钥匙。

第一节　口语传播的生成动因：记忆力和模因论

数字媒介话语的口语表达倾向并不是凭空而来的。首先，为了适应终端媒介技术的剧烈攀升，单纯的文本语言已然无法跟上当前的传播循环时间，而口语的表达可以加速"模因"传播的速度，完成数字媒介传播效果力。其次，口语的记忆弹性与语言学"模因论"所提到的复制能力是极为相似的，数字媒介话语中口语化的表达激活了宿主储存在大脑世界中的海量知识库，并将它们与口语表达成果联系起来构成记忆复合体，而这些记忆复合体在数字媒介的传播中不断增强自身的话语记忆力，也就是复制的能力。因此，记忆力作为口语传播的动力，与语言学中"模因论"有极大相似性，可以一起探讨数字媒介的口语问题。简单地说，在语言学中，"模因复制力"是语言衍生的动力，而在口语的研究中，记忆力就是它的生产动力。

一、口头记忆力：吟诵的传统

如果把文字书写时代烙印在思维中有关的表达方式和头脑认知暂放一边，我们或许就可以清楚直白地回到口头文化的本真里，探索我们到底被重构了什么，或者是我们到底记住了什么。在连续性与断裂性、序列性与非序列性之间，口头遗存是否存在着种种记忆的影响力，时至今日仍围绕着我们的思维，产生着作用。英国外交家、考古学家罗伯特·伍德（Robert Wood）认为，"在口语文化里，记忆力的作用和它在文字社会里所发挥的作用,是截然不同的"。[①] 在口语文化中,记忆力作为传承因素处于极为关键的位置,可以被称为所有语音得以被记录的笔记本。与此相对,在文字的版图界域里,记忆力只是作为维系符号与语音之间的头脑动力而存在。那我们可以思索,闲聊的话语为何难以被记起,正襟危坐、逻辑严谨的学术探讨又为何令人记忆深刻。你知道你能够记住什么,你又为什么"知道"。仅仅因为是未知与已知的区分吗,还是思考和未经思考的差异。细细想来,所有能够被记住的一定是符合了你头脑中的记忆模式,并有利于你迅速地口语输出。一场晚会,主持人善用的通常是普及度高、朗朗上口且易于引起共鸣的话语,那些拗口晦涩的词语总是引起人们的抱怨,难理解难记忆,当然更难被重述。众所周知,在自然科学中,公式是数字运算的码尺。而在口语文化中,也存在着一定的公式来规范着思维和表达。所有说出的话在经过头脑加工时,必须进行周密地编辑;每种念头的产生都会自动找寻相应的概念集合,也就是找寻适合自己的公式,加之日常经验和常态的考量,话语便会产生。这些所谓的话语公式,不止加快输出,也会加快输入话语的记忆。

语音输入→匹配公式→记忆→加工公式→综合编辑→语音输出
话语公式模型

口传文明时期,吟诵史诗的歌手们总是能不断地重复出自己的演唱,而几乎很少出现较大的偏颇。速记,正是他们将实际演唱记录下来的方法,虽然与文字记录的精确不可比拟,但却是那个时期最为精到的口语文本记录手段,所以,他们并不能保证所有的演唱的吟诵文本都是一字不差的。记忆力,正是歌手记录文本的根本能力,它绝没

[①] 沃尔特·翁:《口语文化与书面文化:语词的技术化》,何道宽译,北京大学出版社,2008,第1页。

有字面意义看起来那么简单。对于口头史诗的歌手来说，记忆力不只是背诵诗篇的保障，更是再创作的速本。记忆力的优势在于可以在任何条件下不依靠文字来完成口头或者思维文本的记录，但它的劣势也正是记忆这种生理机能的不稳定性，使得文本的记录与创作具有独特的风格。《故事的歌手》的作者洛德指出："叙事歌的艺术远在文字出现之前就已经很成熟了，叙事歌成为一种完整的艺术和文学的媒介，并不曾需要笔和墨"。① "显而易见的是，要让歌手背诵史诗歌，并在每个诗行的末尾停顿时，他开始时还不清楚在何处停顿，也不清楚一行诗中有多少个音节。因此，他常常以散文的形式给出一个句子。"② 转而思考今日我们在朋友圈、微博发表的话语正是这种叙事歌的传统再现，而这种口语化的表达更多取决于记忆力的特性。

二、记忆的强势模因：口语化的表情符号

事实上，记忆力，不只是口语思维的原生动力，更是数字媒介话语口语化的重要动力。以微博为例：首先，微博用户在文本输入的构制中需要调取强大记忆库以筛选需求内容。这些内容既包含先前对醒目内容浏览后的记忆，也有本身认知能力中的知识记忆。其次，用户选取知识后需要对其进一步加工，而微博是社交软件，用户应用媒介的基本属性在于传播，而为了顾及良好的传播效果，用户编辑的文字一定是便于浏览者记忆与理解的，甚至便于二级传播的。于是，口语的重要引擎——记忆力在这时成为数字媒介话语的运转马达。事实上，记忆力就是语言的生命力所在。而在语言学中，"模因论"也是与此相对应的理论。"所谓模因，就是一个个具有较强复制衍生能力的文化信

---

① 阿尔伯特·贝茨·洛德：《故事的歌手》，尹虎彬译，中华书局，2004，第179页。
② 阿尔伯特·贝茨·洛德：《故事的歌手》，尹虎彬译，中华书局，2004，第183页。

息单元，它们如同病毒一样寄宿在宿主的头脑中，能够以不同的表现形式从一个宿主的头脑传播到另一个宿主的头脑。"① 同时，"模因"分为同化、记忆、表达、传播四个阶段，"'同化'就是模因感染新宿主并进入他们记忆的过程……'记忆'是将同化的模因储存起来备用，新宿主必须将短时记忆变成长时记忆，才能成为可以随时调用的有效认知资源……'表达'是指在交际过程中模因从原来的记忆模式转换成宿主能够感知的有效模式……'传播'是指已经装备就绪的模因在不同宿主之间的流布与扩散。"② "模因"是网络语言的动力阀，而口语是"模因"不可回避的结果。事实上，模因传播拥有强大的复制能力以及多产能力。

据资料显示，表情符号目前正成为第一位的数字媒介活跃模因。从口语的角度来看，人们在交谈过程中，习惯用手势、表情来辅助话语的传播，便于对方理解记忆对话者的表达意义。而表情符号简化了新的媒介中主体之间的交流过程，作为一种口语交际的辅助，它弥补了交际主体"缺失"的遗憾。在这里，表情符号更像是口头交谈中那些生动的辅助手势与表情，这种图符形式的模因，由于使用和创造的便利，自身生成了迅捷的传播效力。"它们便于宿主接受，实现了'同化'，便于记忆。……弥补了网民在网络交际中由于主体'缺场'的表情交流。表情符号易引起人们的注意，被人们记忆并相互传播，成为强势模因。"③ 同样的结论也印证了2008年美国学者德根等所做的新媒体表情符号使用研究。研究发现，根据不同交流场合，交流场合和对话色彩而选择的表情符号，被对话参与者运用到交谈中以弥补交流者面部表情的缺失。因而，表情符号的使用依托于新媒体的交流更趋近

---

① 吉益民:《网络变异语言现象的认知研究》，清华大学出版社，2012，第153页。
② 吉益民:《网络变异语言现象的认知研究》，清华大学出版社，2012，第153页。
③ 曹进:《网络语言传播导论》，清华大学出版社，2012，第58页。

于口语化[①]。而这些口语化的表情符号在使网络与微博微信的使用上就显示出了差别。

在网络公告板、聊天室、电子邮件盛行的媒介时期，人们用聊天软件进行话语信息的交流，而这种交流是以轻松愉快的口语为展现样式的，所以，在对话进行到某些情绪激烈的时刻，因为无法面对面用表情或者手势来表达情感倾向，于是人们就开始组合、重组字母、标点等键盘字符来代替，活跃口语的气氛。比如：

:-D	:-P	T_T	:-O	（踩）→｜你｜←（死）
开心	吐舌头	哭泣	惊讶	\\(→｜√｜←)/

后来，各个输入法软件开始推波助澜，在自己的系统中加入了单个笑脸😊，由此表情符号模因不断产生，由面部到肢体，发展了一系列静态表情符号。而移动终端的发展，表情符号的制作技术也更加精良。以"微信"为例，微信中的表情符号除了输入法软件在关键词使用时自动匹配的表情，更多来自微信本身所提供的表情图库。如以卡通虚拟人物为主题的系列表情符号。

而与传统的电脑文本输入相比，这些表情符号是动态的且表达的意义很丰富。事实上，数字媒介的技术发展极大地改善了之前传播环境的硬件装备，促使了模因传播的速度大幅提升，也缩短了整个模因

[①] Derks, D., Bos, A. E., & Von Grumbkow, J. Emoticons in computer-mediated communication: Social motives and social context. *CyberPsychology & Behavior*, 2008, 11(1), 99-101.

四阶段的循环时间。于是，模因复制传播的效率就得以大大提高。在这时，表情符号以其自身强大的记忆与复制力，成为数字媒介主体话语的重要部分，以致后来微信中出现了"斗图"会话形式，即交际主体一言不发、一字不打，只用表情库里面的动态图来交流传达信息。这不仅传达了数字媒介话语口语化的轻松随意，更显示出以记忆为动力的模因在新的话语革命中展现了巨大的力量。无论是表情符号还是其他符号，都是对口语记忆力的一种证明，是数字媒介话语口语化的有效力证。

对于史诗歌手来说，每一次的演唱是"只有从前吟诵的回声，还有要他脑子里留下的过去的已形成的习惯。如果没有这些相伴随的东西，歌手便不可能像平时那样将词语排列在一起。"① 客观来说，这些"过去形成的习惯"正是"程式"本身。换句话说，当对文本的记忆不断重复，程式就会由此生成。它维持了记忆力的稳定，避免了一些因思维失误与记忆遗漏出现的错误。"在旧有的模式之上产生新的韵律表达，这是口头技法的一部分。给传统注入新的观念是必要的。如果一个人继续使用这些韵律表达，那么它们便会成为程式，如果这些程式又被别人拿去使用，那么这些程式便进入了传统，从而成为传统的程式。"② 口语创作诗人正是在这些程式的意义上进行思维创作的，而当某些程式被打破，或者是诗人有意识地摆脱这些旧有程式时，代表着"书面"技巧之门正在打开。程式的存在赋予了口头创作一个得天独厚的优势，那便是每一次的创作都是多形态的表现，它是独特而唯一的，但在书面文学中这些独特与唯一性却是僵硬、严密的。但是，程式的发展也存在一定的矛盾。创作者的记忆参照物如果是固定的文本，那么就会在记忆中使相应的技巧，技巧使程式没有了存在的意义，这会

---

① 阿尔伯特·贝茨·洛德:《故事的歌手》，尹虎彬译，中华书局，2004，第179页。
② 阿尔伯特·贝茨·洛德:《故事的歌手》，尹虎彬译，中华书局，2004，第188页。

阻碍口头创作的能力。因为,这并不是单纯的创作而是依照固定文本的简单表演,是一种机械地重复。所以,程式与记忆力有时候互相捆绑、紧密无间,如果我们在书面文本中恰好发现了程式的踪迹,那不值得惊讶,因为这种来自口语的文体出现于此,一定是出于文本知识记忆的需要。

与此同时,程式不只成为口头语言的记忆推力,同时也成为了话语传播中模因复制的动力,因此,关于程式的重要理论"口头程式理论"便成为当前研究的重中之重,将在后面进行解读。

第二节 口语文本的创作规律:口头程式理论

"口头程式理论"(oral formulaic theory)是在20世纪50年代左右发展起来的屈指可数的有关口头诗歌创作传统的理论。在此之前,口头程式理论多见于民俗学的理论方法研究之中,它的缘起来自民俗学家对远古神话荷马史诗的聚焦,而后研究者米尔曼·帕里(Milman Parry)得知在南斯拉夫地区还存在演唱口头诗歌的传统。① 于是他在当地进行了细致的田野调查,发现了口头诗歌活动的基本书学特征。而后,帕里以及他的学生艾伯特·洛德(Albert Lord),构建了"帕里—洛德"理论,也叫"口头程式理论"。他们通过与南斯拉夫活性态的口头诗歌作对比研究,认证了他们对于荷马史诗的预测和推断的确凿,以及他们对口头诗歌创作传统规律的总结:"史诗歌手的每次演唱都是

---

① 这里的"传统"有两层意义。第一层为通俗概念理解的"时代相传,从历史沿袭而来的有关社会性的产物"的意义;第二层为"传承、文化的传承",它不仅指史诗歌手表演的所有内容,还应该包括那些未被歌手外化的部落共享的知识。这些知识是附加在歌手的程式之中的,是主题程式的所有集合的特征性意义,即使歌手这些知识并不存在于歌词表面,它也会唤起听众对特定情节的回忆和共鸣。

与以往不同的重新创作，它们利用从传统程式中所抽取的某个择选，来填充整个主题空间中每个转折档口的空位。"[1]这一理论的诞生，影响了大量的民俗学、古典文献学、翻译与比较文学、文艺理论学家，他们迅速地领悟该理论并应用到相关的文学领域中，使世界范围内的众多口头传说、史诗作品、方言文集得到了新的理论注入与研究翻新。

口头程式理论的精髓在于"程式"与"套语"，正如在前文所提，本书研究数字媒介话语的口语化现象，并不认为可以完全照搬语言学的理论对口语化的问题进行灌注，口语是一个独立的视角，它需要一个相对独立的口语理论来剖析。选用"口头程式理论"，原因有两个：第一，面对"地球村"重新部落化的现状，我们当前处在一种次生口语文化氛围，这种氛围与口传文明时期初民在无文字的情形下又期望用口语来维系社会稳固、完成社交意图的情景相似，重新部落化后的人们会因不安而产生更多的社交冲动，这与数字媒介到来所重构的社交环境而促使用户拥有旺盛的社交欲求是一样的，因为，在此情形下口语都是不可替代的快速完成社交过程的话语方式。所以说，本书大胆地选用部落时期的话语理论来研究重新部落化的媒介话语现象，看似极具挑战，仔细斟酌还是颇有现实意义的。第二，"口头程式理论"是一个相对成熟的理论，它在多个口语遗存中得到了充分的应用，无论从一般性到特殊性，还是从传统到口头，都得到了完善的力证。在沃尔特·翁关于"次生口语文化"的研究中，他指给了后来研究者一条极为重要的思路，即从原生口语文化的程式结构和思维动力中找到金钥匙，以此来打开次生口语文化的大门。他明确提出用"套语""套语成分""预制预料、构件"等来探索次生口语文化的特性以及口语文本的创作规律，而这些术语正是"口头程式理论"的研究要义，于

---

[1] 约翰·迈尔斯·弗里：《口头诗学：帕里—洛德理论》，朝戈金译，社会科学文献出版社，2000，第35页。

是，选用"口头程式理论"来研究数字媒介话语的口语现象，是相符相宜的。

一、口头程式理论的模式指南：从词型到句法

约翰·迈尔斯弗里（John Milesfree）认为，口头理论的精髓是由三个结构性单元的概念组成，它们是程式、主题或典型场景、故事形式或故事类型。而口头程式理论的关键点在于程式的概念及其发展。何为"程式"？根据帕里的概念，"程式是在相同的步格条件下，常常用来表达一个基本观念的词组。程式是具有重复性和稳定性的词组，它与其说是为了听众，不如说是为了歌手——使他可以在现场表演的压力之下，快速、流畅地叙事。在不同的语言系统中，程式可能具有完全不同的构造。"[1]帕里的学生洛德继承了帕里的思想，将"程式"定义得更通俗易懂："程式是一种口头诗歌的语言，强调形式的节奏和格律功能。程式是一种能动的、多样式的、可以替换的词语。此外，与程式相关的句法上的平行式和语音模式等，这些要素是以程式为基础的。"[2]总之，在口头诗歌中，我们能看到的都是程式化的存在，我们所能记忆的也都是程式化的思维。

沃尔特·翁将修辞结构与口头思维的起源结合起来，指出："口头表演的程式特征来自陈词套语的规则之发展，这些陈词套语支配着富有技巧的口头表演，从口头—听觉时期直到传奇时代的勃兴。陈词套语就是指程式的表达方式，是从口头实践的过程中派生出来的，并且

---

[1] 约翰·迈尔斯·弗里：《口头诗学：帕里—洛德理论》，朝戈金译，社会科学文献出版社，2000，第30页。
[2] 尹虎彬：《史诗的诗学：口头程式理论研究》，《民族文学研究》，1996年第3期。

会积淀在口头表演的心理结构中永久地存在下去。"①

帕里早些年的研究对象多是围绕"程式"理论进行不断地修正和扩展，为了回应关于："貌似在任何的诗作中都可以找到程式，因此程式不能成为检验标准"以及"许多陈词套语只是个例代表特殊性，不能将其作为一般性讨论"的质疑，他为程式系统提出了一系列新的"效用性的评判准则"。也就是说，程式并不只是单纯的重复，在这两者之间，效用性是最大的差异。他认为，在口头创作时，歌手需要衡量词汇是否适合表演，是否符合韵律，是否顺应叙述。他提出，"片语的重复使用，不仅意味着诗人遵循着一个固定的词语范型，而且也意味着他拒绝使用所有的其他方法来表达这个意义"。由此他确定了程式系统的定义："一组具有相同韵值的片语，并且它们彼此之间在含义上和用词上极为相似，以致诗人不仅将它们视作单独的程式，而且也视作一组特定类型的程式，进而掌握它们并毫无迟疑地加以运用。"②

关于程式化的标准，帕里提出通过对固定特性形容词后的"系统"审视利用，来探究句法的各个要素。换句话说，就是两个方面：（1）配置"名词—特性形容词"的片语，（2）高度依赖传统句法。

帕里在前人理论的基础上，选择通过对句子章法中的某个角度做分析从而归纳出一般理论。从这个角度帕里选择了关于描述那些英雄们的"名词—特性形容词的程式"（noun-epithet formulas）。在《塞尔维亚—克罗地亚英雄歌》中，人们在诗行后半段发现了许多名词属性形容词的复合成分：

  Knjigu šarouitu "写得极好的字"

---

① 约翰·迈尔斯·弗里:《口头诗学：帕里—洛德理论》，朝戈金译，社会科学文献出版社，2000，第246页。
② 约翰·迈尔斯·弗里:《口头诗学：帕里—洛德理论》，朝戈金译，社会科学文献出版社，2000，第66页。

visoku planinu   "高高的山岭"
gradu bijelome   "白色的城"①

  当然,《奥德赛》与《伊利亚特》的程式化特点在框架建构以及具体言语描述中都有突出表现,两部史诗都使用了大篇幅的人物之间的两两对话来推动情节的发展。在《奥德赛》与《伊利亚特》的书面记载中,也存在着大量的"名词—特性形容词"的短语,作为口头传统特征重要文本证据的存在。每次新的人物出现,一定会有这样的固定结构(名词—特性形容词)描述:

thou who dost bestride Chrysê and holy Cilla,   银弓之神,
thou who art the mighty lord of Tenedos,   克律赛和神圣的基拉的
               保卫者,
O Smintheus! 统治着特涅多斯!②

Zeus most glorious and most great,   最荣耀、伟大的宙斯,
Thundercloud, throned in the heavens!   裹在黑云中的神!③

  这样的修辞系统所提供的正是这种词型范式,诗人通过这一恰当的词语程式,将形式与基本观念融为一体,从而建构诗行。当然,这些事实同样证明荷马只有通过如此程式构造,才能完成他的叙述。我们注意到,在第二序列中的每一个谓语项的动作,都能够与第一序列中具有同等韵律音长的"名词—特性形容词"程式匹配,仅仅在这两个序列中就可以产生数百种组合。不难看出,荷马史诗的句法程式是如此有生命力,正是数不胜数的"名词—特性形容词"和谓语要素增

---

① 阿尔伯特·贝茨·洛德,《故事的歌手》,尹虎彬译,中华书局,2004,第57页。
② 荷马:《荷马史诗·伊利亚特》,罗念生、王焕生译,上海人民出版社,2015,第7页。
③ 荷马:《荷马史诗·伊利亚特》,罗念生、王焕生译,上海人民出版社,2015,第45页。

补的搭配，使他的修辞术为后世的文学创作手法做出了重要的贡献。

帕里在最初就强调了"构成性习语"即"名词—特性形容词"的两个特征：简约性和系统音长。简约性在于约束篇幅句式中要素的步格（格律）的音长以及在此发挥的效力；系统音长指的是它习惯于对句法中更小的修辞集合长度的管制。根据对描述对象主题类型的分析，帕里发现特性形容词也有"普通的"与"特异的"之分，他指出附属于神祇和英雄的词汇会有"任一"和"特定"的适用差异，这使他对程式理论的阐释逐渐系统起来。后来，他界定了"相同程式类型""程式句法""特殊化了的特性形容词"的概念。"相同程式类型"是荷马出于经济性目的而使用的典型句法手段，诗歌中大量的片语供描绘主要形象使用，这种"俭省"缩略化的表达方式可以使诗人快速地选择并完成叙述任务。当然，"俭省"的追求并不代表忽略音韵和谐的要义。洛德认为，"一个词会从语音上预示着下一个词的出现；一个词组对于下一个将要出现的词语的暗示，不仅是由意义、意义出现的先后顺序，而且也是由声学价值（acoustic value）所决定的。"[①] 歌手使用某个词语，须考虑它的意义、长度、韵律等要素，更注重语音和语音模式，这是由前后的声学价值所影响的。程式系统就是一组程式，这些程式组成了一种可替换的模式。在此，我们援引《诗经》中的相关例句来分析"程式系统"。如《国风·王风·扬之水》：

扬之水，不流束薪。彼其之子，不与我戍申。怀哉怀哉！曷月予还归哉！

扬之水，不流束楚。彼其之子，不与我戍甫。怀哉怀哉！曷月予还归哉！[②]

---

① 阿尔伯特·贝茨·洛德：《故事的歌手》，尹虎彬译，中华书局，2004，第44页。
② 袁世硕主编：《中国古代文学作品选（一）》，人民文学出版社，2008，第174页。

在《诗经》里有许多篇章，开头的话相同，接下去的话不同。也有许多不同主题的歌谣，中间会出现类似的话。还有的就是每一句歌谣尾部多为相同，前半部分不同。在史诗诗歌中，词语连接的平行式、词序的平衡和对称，还表现在如下几个方面：在一个句法停顿之前出现的动词，它会在下一组词语的开头重复出现，或者又被接下来的语法停顿之前出现的一个动词平衡。

  Đe sedimo, da se veselimo,   所到之处，让我们尽情地欢笑，
  E da bi nas i Bog veselio,   上帝也会让我们欢笑，
  Veselio, pa razgouorio!   让我们快乐，给我们欢欣！①

而在表示行为发生地点时，程式中关键词也被频繁替换。例如，"在普里里普"，它时而以 U Prilipu 的形式出现在诗行的前半部，也可能会以 u Puilipu gradu 的形式出现在诗行下半部，也可能占据整个诗行 U Prilipu gradu bijelome "在普里里普那座白色的城里"。同样地，"在城堡里"，可以放在前半行诗中表述：A na kuli，用连词 A 作为衬词；若在后半行诗中则为 na bijeloj kuli "在白色的城堡里"，Na bijeloj odkamena kuli "在石头砌成的白色城堡里"。而在上述的"在普里里普"的程式中，任何一个带有与格的三音节的城市名称都可以代替"普里里普"：u Stambolu, u Travniku, u Kladuši。除了 a u kuli "在城堡里"，人们还可以说 a u dvoru "在屋子里"，a u kuci "在塔楼里"②。也就是：

$$ A u \begin{cases} kuli \\ dvoru \\ kuci \end{cases} \qquad 在 \begin{cases} 城堡里 \\ 屋子里 \\ 塔楼上 \end{cases} $$

---

① 阿尔伯特·贝茨·洛德：《故事的歌手》，尹虎彬译，中华书局，2004，第48页。
② 阿尔伯特·贝茨·洛德：《故事的歌手》，尹虎彬译，中华书局，2004，第48页。

这种以图表形式呈现出的替换律,很好地说明了一组程式的相互关系和实用性。

然而,程式理论关于句法的模式研究,与词形的模式是紧密相连的。鉴于荷马史诗的"六音步"特征,帕里发现在复杂的诗行步格网中,只允许在规定的位置纳入规定的词汇和短语样式,诗行的选择职能要求有关修辞的多种要素必须进行有机排列,所以,"名词—特性形容词"也有它规定的步格位置。由此,帕里进一步规范了"程式"的观念,即"一种经常使用的表达方式,在相同的步格条件下,用以传达一个基本的观念"[①],这便于我们快速地进入歌手的思维,毕竟在歌手创作时他对词语的调动总是出于实用性的,词语的稳定性并不是神圣的,也不是一成不变,它一直处于被调整的状态。在构筑诗行时,歌手就像一个能工巧匠,不断地完善自己的程式技艺来为演唱服务,他要一行一行地去构筑诗歌,每当看到一个诗行的最后一个音节时,便代表着新的诗行在等待他的创造。于是,我们发现诗行并不是孤立的,但是,连贯性也有例外。因为在这之后,帕里对步格的位置属性进行了深入研究,他发现在并列的程式单元中,为了实现完美的韵律搭配,诗行中出现了步格的裂隙,这些缝隙以很高的比重出现在六音步的句尾分界以及诗行程式的衔接处上,产生步格的"误置"。因此,荷马是不会为了韵律的惯性审美而去修补短元音的母音分读缺憾,他的构思和创作都是在一种线性的、自然的思维中进行的。

这便引出了帕里研究荷马史诗的另一个程式特征:"跨行接句",对于荷马史诗诗句的完整性、诗行的连贯性,他是这样解释的:(1)无跨行,一行诗的意义在行尾完成,不作随意性的延长;(2)"非周期性"地出现跨行,一行诗的意义在行尾完成,但又可选择性地延

[①] 约翰·迈尔斯·弗里:《口头诗学:帕里—洛德理论》,朝戈金译,社会科学文献出版社,2000,第57页。

续到下一句诗行；(3)"必需的"跨行，既可接续未完成的句式，也可衔接在词组正中出现的折断，因而必须以接续方式引导出下一句诗行①。即使这样一些例外情形的存在，意义也会被完整地表达。这种跨行接句的情形，是口头创作的特点，也是检验任何诗歌口头性的试金石。帕里曾对程式做过十分具体的考察，并提出了前提和标准：并不是所有的重复都是程式，片语至少要有4~5个音节的参与，并配合"特性形容词"；即使在步格和韵律上做不到完全一致，也要在某一关键词语安置上做到匹配。这也是史诗诗人对传统句法依赖的重要表征，由于没有文字的帮助，他们只能依靠自身掌握的程式句法提供模板来进行填充创作。抛开文字而言，句法创作也是有前提的：以对来源不同、形态不同的成分进行整合并保存下来自然运作方式。于是，句法面临了一个更新换代的实际问题，不同地域和时代的词汇变异，因为在诗人的句法中参与了程式片语的构造并被稳定编码，与搭配词汇生成片语存入诗人庞大的语库中，即使外在环境重构也得以保存和传承，并以此发展吸引并加入了新的词汇和新的变化。因此，便产生了这样一个再生系统：新的词语放入原先的模式里，新的程式由此产生。帕里发现阿夫多·梅杰多维奇所使用的术语多是他从军时的经历：

Mija braco, mojedve KOLEGE， "我的弟兄我的两位同伴"（第415行），

O KOLEGA Fetibegouicu， "呦，我的同伴法蒂贝格维奇"（第2376行），

J a samna to RISKIRAO glavu， "正是为了这我才冒了生命危险"（第1570行），

---

① 约翰·迈尔斯·弗里：《口头诗学：帕里—洛德理论》，朝戈金译，社会科学文献出版社，2000，第63页。

A na njima careva NIFORMA，　"他们穿着帝国的制服"（第 4085 行），

　　Sve SOLDATA, Sve pogranicara，　"所有的士兵，所有边境上的男人们"（第 6794 行）①。

　　上述这些词所指代的行为被放到了高贵的苏丹陛下的时代，至少在阿夫多的想象中是这样。

　　由此可见，南斯拉夫英雄史诗依然生命力十足，新的程式和观念被纷纷收录。在这里，你会发现这样的情景，新老词汇并存、各地方言谚语交织，混乱芜杂的词汇变异充斥，却又极其和谐的言语景观。我们必须承认，在歌手表演中关于词语的创作，有时并不是歌手追求独创或者高等的审美表达，而是表演的压力促使他们进行更多的思考，这是口头创作的惯性迫使，也是口头诗人强大创作力的源泉。

二、口头程式理论的演变指南：从传统性到口头性

　　米尔曼·帕里和阿尔帕特·洛德所创立的"口头程式理论"，其理论动因建立在命题"荷马问题"之上。尹虎彬在《史诗的诗学：口头程式理论》中指出，"荷马问题"指两个关系型问题，即作者荷马的历史真伪性，以及《奥德赛》与《伊利亚特》是否由口头创作演变而成。"口头程式理论"的最初，就是着重解决这两点："第一，设定并论证荷马史诗是传统的；第二，设定并验证荷马史诗因此必定曾经是口头的。"②他们分别通过对荷马史诗的文本分析以及利用人类学的成果，按照活形态的口头事实来论证。所以说，"帕里—洛德"理论演变涵盖了

---

① 阿尔伯特·贝茨·洛德：《故事的歌手》，尹虎彬译，中华书局，2004，第 60 页。
② 尹虎彬：《史诗的诗学：口头程式理论研究》，《民族文学研究》，1996 年第 3 期。

从语文学到人类学的学科跨度，涵盖了口头理论的全面发展，包括了从传统性到口头性的整个勃兴过程。

在《口语文化与书面文化：语词的技术化》一书中，沃尔特·翁为了研究的便利性，将"套语""套语成分""预制预料、构件"统称为史诗诗歌中那些出现率高、重叠性频繁的固定词语和词组。通过对口头程式理论的传统性研究，我们发现帕里—洛德的口头程式理论正是对这些固定词语和词组，也就是"套语"的演变分析中得出的，语文学科通过实证指出潜藏在荷马史诗中的诗歌"传统"，为此理论奠定基础。

最初，帕里从约翰·恩斯特·艾琳特（Johann Ernst Ellendt）的著述中发现，"步格"在传统程式化句法的构成中发挥着作用，他认识到"六音步"的构型力量。在亨利希·顿则（Heinrich Duntzer）那里，帕里开始对步格的功用重视起来，探讨了因步格的效力而形成的特殊的诗歌语言，并认识到某些特定的形容词的选择并不是基于美学而是基于步格的结构配合。在这里，"步格"可以看作"套语"的语法式雏形。接下来，因为前两位对韵律的切分这一问题的缺失，库尔特·韦特（Kurt Waite）尤其关注史诗中词和复合词的形态，重视"诗节中节律的停顿系统"（system of caesuras），也就是词停顿的规律性，他的研究对帕里思考荷马步格和句法背后的共生传统，产生了积极影响，"套语"在这里发生了改变，句法加入进来与步格共存。之后，帕里受到了导师安托尼·梅耶（Antoine Meillet）的极大启发，梅耶对荷马史诗"完全程式的"这一论断给予了肯定，他指出：构成诗歌的语言是经过加工的传统，是由特定功能合成的语言；套语的语法合法性存在得到了有效的认可。

在口头程式理论的研究中，人类学的研究被作为重要视角，引导着帕里将荷马定位"口头"的荷马。起初，帕里常常参考瓦西里·拉德洛夫（Vasili V.Radlov）关于中亚突厥人田野作业的第一手材料，这些活形态映现了他和其他学者概括出的荷马诗歌传统的典型特征；他提示人们注意诗歌演唱时典型的场景和母题，并概括为"关于可塑性的、具有多重构型之实体的'构想部件'"。这时，套语在实例中得到了有效发掘。通过同一种故事的多种演唱版本来研究口头诗作中新老因素的融合交织现象，他发现每一位歌手在每一次创作歌曲时都会依照当时的情景即兴，同一首歌曲前后两次演唱也会出现许多的不同，但歌手们并不觉得新老的改变是格外的创新。而后，他还指出了这些传统单元的渊源（也称"建筑构件"）存在于全部个体民众的思想意识中。"他不论是在提示了一种将活性态的现存口头传统与荷马史诗手稿并置同重的比较方法上，还是在提供了一套相当特殊的关于口头叙事创作的解析和洞察的视角上，他都可谓是已在帕里面前呈上了一般方法及特别的结果。"[①] 之后，弗里德里希·克劳斯（Friedrich Krauss）参照南斯拉夫歌手的史诗，描述了歌手所拥有的记忆力正是凭借"重复的套语"所建立的关联知识库，以便于他们在创作歌曲时能保持流畅的状态。阿诺尔德·范·赫纳普（Arnold van Hehnap）指出"重复套语"的每一次使用都会自动遵循约定的规则，是歌手根据意愿做出不同的排列，他还认可从口头传承中去理解荷马史诗来源的比较研究的恰当性。除此之外，帕里还借鉴了马赛勒·约西（Marcel Jousse）尝试用心理学的手段来讨论"口头性"背后的心理学理论根蒂。葛哈德·格斯曼（Gerhard Gesemann）的"现场田野验证"，对帕里和洛德所从事的实验法产生过明显影响。他所描述的"创作图式"的两个类型：一类是"作为构成成分的史诗具体情节"，一类是"完全独立于某一特定故事的全部情节"，对帕里在解决"典型场景"这一概念问题时，

[①] 约翰·迈尔斯·弗里：《口头诗学：帕里—洛德理论》，朝戈金译，社会科学文献出版社，2000，第26页。

产生了建设性的影响。但毋庸置疑,将帕里的注意力从荷马英雄史诗"传统性"文本特征转移到"口头性"活态现象的重要影响者,是马提亚·穆尔库(Matija Murko)。穆尔库不仅描述了南斯拉夫等欧洲地区"民间诗歌"民族面貌,还着重关注了其他一些繁衍着特殊民歌样式的区域。他特别留意诗歌中"重复"和"变异"的运用,也就是口头史诗中突出的程式结构。运用与帕里相同的"实验法",列出了多形态的"范语"例证,并演示了例证里完整诗行的可置换现象。波斯尼亚的同一位穆斯林歌手所演唱的同一首歌的三个版本的每一段起始歌行:

Beg Osman beg rano podranio
奥斯曼别格起得早,
Beg Osman beg na bedem izidje
奥斯曼别格走出来到防护墙上,
Beg Osman beg niz Posavlju gledu
奥斯曼别格眺望着萨瓦平原。①

穆尔库的作为还表现在提供了比任何相关学者都要宏大翔实的实际观察资料,并与帕里对荷马史诗的预测不谋而合。他严谨地勘正阐明了口头史诗正是存活在歌手及其诗歌创作的传统之中,并让帕里深信自己关于南斯拉夫史诗传统的研究与其推断的荷马史诗传统原貌有极大的类似。他的影响是巨大的,为帕里、洛德日后的研究起到了不可估量的指引作用。

可以说,口头程式理论的孕育和成熟,离不开那些古典学者对荷马问题这一试金石的精工细雕。语文学家们指引着帕里,通过考量透视步格和语言的方法,印证荷马史诗的诗歌"传统性"存在。人类学

---

① 约翰·迈尔斯·弗里:《口头诗学:帕里—洛德理论》,朝戈金译,社会科学文献出版社,2000,第36页。

家关于"口头存在"悉数周详的活态报告现象搜集,为"传统性"研究提供了事实佐证,推动了"帕里—洛德"理论的进一步发轫。

三、口头程式理论的适用性指南:由特殊性到一般性

弗里曾在研究中指出"口头程式理论"的首要缺陷是:"它从一部史诗中找出传统程式所呈展出的正是一个过于机械式的过程。"[①] 口头程式理论的提出,源自帕里与洛德大量的田野调查,这些调查的起因是考虑到荷马史诗的现存性问题,研究点则只能专注于南斯拉夫尚在的、活样式的史诗口头遗存,并将研究成果再次应用到对荷马史诗《奥赛罗》《伊利亚特》中;也就是说,通过对南斯拉夫活态口头诗歌的实际考察,检测从荷马史诗口头遗存的文本分析中得来的理论认识,并通过细致的资料充实理论框架。由此这种理论的研究形式是由今到古,再由古应今。于是,便产生如下问题:其一,从(历时性)时间上看,据现有的考古文献及技术认识,世界范围内的口语文化雏形是否以史诗为唯一形式。其二,从(共时性)范围上看,它是否具有"普适性",适用于所有现存的史诗研究。其三,从现实上看,这一理论于当今纷然杂陈、立异翻新的文化现象、媒介形式又有何启示意义?(即口头程式理论的现代语言学意义,将于下节探讨。)

第一、第二个问题的解答以非洲为例:杰夫·奥普兰德(Jeff Opland)在对科萨(Xhosa)诗人的口头传统的细致阐释中,运用了比较研究中"提供活性态的类比参照",对帕里—洛德理论的"普适性"进行了较为成功的论证,并对如下问题进行了细致区分:(1)一般即兴创作,(2)记忆力,(3)部落诗人精致优雅的即兴创作,(4)文

---

① 约翰·迈尔斯·弗里:《口头诗学:帕里—洛德理论》,朝戈金译,社会科学文献出版社,2000,第38页。

人创作。非洲口头散文传统的重要研究者鲁斯·芬妮（Ruth Fanny），曾使用帕里—洛德理论的"田野作业法"在非洲部落中进行了大量调查，并出版了百科全书式的著作《非洲口头文学》，她在后来的文章《口头诗歌：其本质、重要性和社会语境》（*Oral Poetry: Its Nature, Significance, and Social Contaxt*, 1977）中提出了帕里—洛德理论，过分依赖对南斯拉夫的口头遗存研究。她提出："（1）只存在单一的、可以被我们界定并称之为'口头文学'现象，（2）在语言艺术的口头形式和书面形式两者之间的任何地方，总是能够划出一条清晰的边界，以及（3）口头创作是个单一的、世界性的过程。"[①] 而后，还有很多学者为非洲口头传统的研究做出重要贡献。有在英雄史诗方面研究的丹尼尔·比拜克（Daniel Biebuyck），有在书面文学如何冲击口头传统研究的戴维·赫尼格（David Henige），在他们的研究中，都涉及了"非洲是否存在与希腊时期相同形态的史诗""它与对欧洲史诗的概念认识会有怎样的比较结果"等问题。几年之后，在伊西多·奥克培朗（Isidore Okpewho）的著作《非洲史诗：口头表演的诗学研究》中，他添加了对荷马史诗、南斯拉夫的口头诗歌的参照和比较。同一年，约翰·约克逊（John W. Johnson）在通过运用研究原始资料、语音等尚在的、活形态的相关手段，编订了《苏亚塔史诗》，在此书应对质疑时，他回应：非洲存在着史诗，并且他还将帕里—洛德关于口语主题与程式的理论运用到史诗的归纳研究中。

可以说，前两个问题是方法论的问题，弗里认为："就史诗创作提出一种理论是一回事，而说它对所有的口头传承而言都是行之有效的方法则完全是另一回事。更不待言，即使口头程式理论仅适用于史诗样式，也不会折损其学说本身的重大价值。也就是说，口头程式理论

[①] 约翰·迈尔斯·弗里：《口头诗学：帕里—洛德理论》，朝戈金译，社会科学文献出版社，2000，第213页。

是有关语文学、民俗学、人类学等相关学科的对于口头文明研究的重要理论,而史诗是口头文明唯一留下的研究样本,同时史诗也是语文学、民俗学、人类学这些学科的重要研究范本,任何与史诗相关的理论都颇具非凡的影响力。"[1]理论的成立,不仅需要文本分析的支持,还需要直接观察的支持。将各地史诗传统提出的富有影响力的证据一起论证,我们会发现"帕里—洛德"理论的著述更适用于这样的路径:先从文本分析内部做考察作业,然后到更广泛的关联中验证,再扩展到文本研究。也就是说,由特殊性到一般性,再将一般性内化归纳。第三个问题是本书研究的重点,将在下节详细阐释。

四、口语遗存中的套语先例:从《荷马史诗》到《诗经》

帕利—洛德理论认为,口语文化的复杂和抽象性是比较少的,吟唱诗人不可能记录和记住复杂和抽象的东西,只能够依靠大量的套语、程式和预制构件来编织巨型的史诗。米尔曼·帕里的研究显示,荷马有一些固定的反复使用的套语。希腊词"rhapsodize"的意思是"编织诗歌","荷马靠一些预制的片语编织和拼凑,他不再是创新的诗人,而是一位装配线上的工人。"[2]这些生产线上的标准化的套语、预制构件并不是散落在词语碎片库中的,它会因主题而聚集,形成套语集合。这些主题可以是:战争、英雄、狩猎、祭祀、祈祷等,当然这里讲的口语文化主要时间发生于文字社会以前。仔细观察,人们愿意用来表达的话语多数是符合节奏的、对称的、叠句的话语。而在场景需要的情况下,固定套语更是使用频繁,比如会议、演讲、用餐等。毕竟,

---

[1] 约翰·迈尔斯·弗里:《口头诗学:帕里—洛德理论》,朝戈金译,社会科学文献出版社,2000,第39页。
[2] 沃尔特·翁:《口语文化与书面文化:语的技术化》,何道宽译,北京大学出版社,2008,第16页。

对称的、有节奏韵律的话语更符合人们对身体生物构造的平衡审美：身体对称，五官对称。当然，说出的话语也需要这样的生物审美。《诗经》是中国古代口语文化的滥觞，它是先民古老的歌唱，保留了大量前文字时代的话语遗存和先民风貌。对称的生物审美在《诗经》中的表现比比皆是：《国风·周南·芣苢》"采采芣苢，薄言采之。采采芣苢，薄言有之。"[1] 在口语文化中还有另外一种风格的话语，口语文化里的法律用箴言和谚语表达，具有神圣不可侵犯的威严，这些箴言和谚语不是纯粹的司法点缀，它们本身就是法律。口传文明时代的法官应该能够说出一套又一套相关的箴言，并能够借此做出公平的量裁和判决。

  这些固定片语的样式在口语文化乃至人类文化历史长河中，扮演了举足轻重的角色。正如母亲河一般的濡养，书写文化、印刷文化、网络文化，乃至当今风头正盛的数字媒介文化的字里行间都被它深深地影响。提起笔，敲起键盘，只要你转动思维，这些来自远古口语中的套语成分就如船桨的摇动，搅动着你的知识库，夹杂着新的经验、新的语汇奔涌而来，它们已然成为一个民族文化风格的表达印记。在书面文化的萌芽时期，人们的头脑中并无那些成熟的文学资源，也就是说在早期文学的文字创作中，口头诗歌必然是常被用来模仿参照的例子，且口语遗存最为显著。《荷马史诗·奥德赛》共24卷，全诗12110行，讲述了希腊军队主要将领伊塔卡王奥德修斯在战争结束之后历经十年漂泊，返回家园的故事。亚里士多德曾在《诗学》中这样提及"奥德赛"，他认为诗歌创作者"荷马"极其巧妙地将这些主人公安排，并不是"奥德赛"发生的所有事件都会被记录，而是"环绕着一个有整一性行动构成《奥德赛》。"[2] 主人公前一定会有其色彩倾向的

---

[1] 袁世硕主编：《中国古代文学作品选（一）》，人民文学出版社，2008，第70页。
[2] 亚里士多德：《诗学》，罗念生译，人民文学出版社，2002，第56页。

表述语，如机敏的奥德修斯、饱受苦难的奥德修斯、神一样的英雄。在第一卷《奥林波斯神明议允奥德修斯返家园》（*What Went On in the House of Odysseus*）中，该卷共 444 诗行，主人公雅典娜出现在文中的次数是 12 次，但"目光炯炯的"雅典娜出现次数就达 8 次；

> Then up spoke Athena, with her bright eyes glinting.
> Athena answered him, with her bright eyes glinting.
> Then Athena said, with her bright eyes glinting.
> ……①

特勒马科斯出现次数为 17 次，"聪慧的"特勒马科斯出现次数就有 7 次。

> Telemachos answered with his usual good manners.
> Telemachos answered her with good sense.
> ……②

不止在第一卷，在之后的卷幅推进中，雅典娜多数出现都是附带着"目光炯炯"这一预制语料的描述，"聪慧的"特勒马科斯也是如此③。

在《钟与鼓——〈诗经〉的套语及其创作方式》中，作者王靖献运用口头理论分析汉语古典抒情诗《诗经》，他在《诗经》中发现存在着大量构成其文本特征的程式化的结构，通过论证得出，经过岁月洗礼传世至今的《诗经》文本，是在口语向文字出现的跨越时期完成的，

---

① 选自：*THE ILIAD*, By Homer, trans. W.H.D Rouse, Published by New American Library, December 2015.
② 选自：*THE ILIAD*, By Homer, trans. W.H.D Rouse, Published by New American Library, December 2015.
③ 荷马：《荷马史诗·奥德赛》，王焕生译，人民文学出版社，2003，第 45 页。

此时期口语的程式化成为文人创作的鲜明特质,套语比比皆是。《诗经》是先民的歌谣;先人将国事家事、情感百态用歌谣的形式咏唱出来,它是叙事的口语化石,开创了众多中国文学叙事里的套语先例。《诗经》里有许多拟声词:"交交黄鸟""关关雎鸠""鸡鸣喈喈""诜诜""虫飞薨薨""淇水汤汤""风雨潇潇""鸡鸣胶胶""坎坎伐檀兮";有大量的叠词:"蒹葭苍苍""夏屋渠渠""良士瞿瞿""狂夫瞿瞿""良士休休""白石凿凿""白石皓皓""白石粼粼""南山崔崔";还有很多并无意义的发语词、语助词:"维叶莫莫"之"维","优哉游哉"之"哉","葛之覃兮"之"兮","嗟我怀人"之"嗟","不可休思"之"思"。字数的整齐对称,韵脚的协调悦耳使《诗经》看起来并不呆板,它灵动雅致的风范代表了先民文学的较高审美水平。两汉乐府诗也是口语文化在中国古典文化中的优秀传承,当然,对于"乐府"而言,《乐府诗集》同样还是歌、是戏、是曲、是器乐。其中,口语化的套语与预制构件俯拾皆是,如《江南》:"江南可采莲,莲叶何田田!鱼戏莲叶间。鱼戏莲叶东,鱼戏莲叶西,鱼戏莲叶南,鱼戏莲叶北。""鱼戏莲叶"五段冗合,鲜明地展示了口语中的大量套语先例。

第三节 口语传播的程式理论分析:语言学视角

对于"程式"的价值,帕里指出,我们不能仅仅将程式看作一种工具,程式更应该作为有韵律的诗歌语言或者活性态的现象而存在。在文书分析中,我们单纯地通过归纳、分析重复词语的数量、类型来提炼出程式进行创作。但对于灵活的口语来说,这种方法过于僵化。毕竟不能总强调听众对重复词语的记忆,而忽略了程式关于主体创作过程的能动性。语言的依附性显示,任何语言都会携带语言使用者的标记。也就是说,程式的价值并不是统一的,因为在技术性有差异的主体身上是完全不同的。换一种说法，程式是思想和吟咏诗行的结合体。于是，在研究程式的过程中我们应该关注韵律和"音乐"，以及内容与"诗行"编织的效果。

那程式是如何内化的呢？首先，主体通过对韵律元素中重音分布规律的感觉培养，从而掌握句行中的"限定"成分，并吸收到自己的创作经验中，这是一种无意识的、融会贯通的过程。其次，在漫长的口语实践以及创作生涯里，主体慢慢地了解了那些重复词语的意义，对格律、节拍、长度也有了自己的概念，这就意味着他掌握了基本的程式理论，获得了程式化的表达习惯，口头传统在他身上频繁应用。毕竟，程式存在于口头表达中，在口语中得到充足的界定。因为，荷马史诗的创作者也不是一成不变地将词语、情节置于诗行之中，他们更善于用所谓的"编织"手法，将生活中的素材、丰富多样的生活体验按照韵律的需求灵活地置于口头创作的诗歌中。

那程式理论是如何在口语实践中运转的呢？其实，每一次口头创作都是不同场景、不同受众人群的产物；文字书写是可以修改的，但口头创作是要求即时性的，也就是要在瞬间快速浏览、识别、选择头脑中的素材；但是，素材的丰裕寡淡要取决于对常量记忆、感官体验的涨落。常量记忆、感官体验经过头脑的简单加工存在下来后，就又可以变成预制的语料构件。毕竟，在口语文化中，成形的且被经验论述过的知识依然要靠不断地重述得以传承。善于利用预制的语料、套语完成口语表述是一种非常行之有效的方法。直到后来书面文字的出现，才将人从大量口语记忆中解放出来，转而进入平面的、序列的、逻辑的思考中。于是，文字与口语被无意识的对立开来。然而，次生口语文化仿佛又一次将人类拉到了几千年前的口语时代。用具体实例分析如下。

众所周知，最近几年网红经济发展飞速，网络红人层出不穷，类型也趋向多样化，并具备三个特征："首先，网红必须来源于网络，具备网生性,而不能仅仅是线下名人的线上化;其次,网红要能够凭借夺人眼球的表现和个人魅力集聚粉丝,并能够对粉丝的消费习惯甚至消费理念产生影响;最后,网红必须是具备传播渠道的独立个体,可以是具体的人也可以是象征性的符号。"[1] 网红基于社交媒体依托拥有海量粉丝,具有"意见领袖"的属性,在这些不同形式网红输出的内容中,以言语为主要输出形式的是视频网红、直播网红以及图文网红。尤其以"段子手"居多的图文网红,通过诙谐易懂且易传播的搞笑言语片段来吸引大量粉丝关注,他们的话语文本、语言结构占据了粉丝群体每日移动终端的多数阅读比重,粉丝依据网红话语结构模仿再造,使网红话语程式在短时间内得到繁殖加强。而在新媒体瞬时流速的世界中想要快速广泛传播,网红多选择容易记忆且朗朗上口的口语化语言充斥文本,而这正是凸显了口头程式理论的现代指向意义。可以说,新数字时代的个人信息和政治信息凭借数字媒介,比如 Twitter、微博进行思维更新,使"微型传播"得到发展。任何程式化的语词可以即时得到全球范围内的"印刷"传播,接受者将其复制生产给它的追求者,微博话语的传播,就是一个口语词的程式化演变过程。但是,这仍然会产生一个疑问,那就是通过"口头程式理论"详细探究,我们到底可以得到什么样的"金钥匙"来打开次生口语文化的大门呢?以下将选取近几年网上流行度较高的程式与套语案例来论证。

一、"帮××上头条"套语系列

事实上,"套语"并不是"口头程式理论"现成理论,它是由"固定片语的样式"发展而来。那什么是套语呢?沃尔特·翁为了研究的便利,将"套语""套语成分""预制预料、构件"统称为史诗诗歌中

---

[1] http://www.360doc.com.

那些出现率高、重叠性频繁的固定词语和词组。正如上文所述,"套语"不是毫无章法,它是在步格和句法的范式下进行演变的。在史诗的创造中,荷马就像一名"装配线上的工人"将一些预制的片语编织和拼凑起来。同时,这些标准化的套语会因主题而聚集,形成套语集合。而且,用来表达套语的话语多数是符合节奏的、对称的、叠句的话语。研究者发现,通过采用同一种故事的不同演唱版本的方法,来研究口头诗作中新老因素的融合交织现象,他发现每一位歌手在每一次创作歌曲时会依照当时的情景即兴改编,同一首歌曲前后两次演唱也会出现许多的不同,但歌手们并不觉得新老的改变是格外的创新。也就是说,套语不是一成不变的,它会根据情景改变其中不影响片语与句法的部分,来完成作为言语形式的套语的生产过程。用洛德的话语就是,"每一个或大或小的主题,甚至于每一个程式,都充满了意义的光环,这是它们过去所产生的语境所赋予的。当这些主题或程式产生之时,传统便赋予了它们意义。对特定时代的特定诗人来说,他使用该主题时都要牵涉主题所赋予的意义"[1]。

其实,"帮××上头条"这一套语开始生成于"微博"的热门话题"帮汪峰上头条"的建构。从2013年到2017年,每次歌手汪峰要宣布有关个人隐私的重要消息时,就一定会有一个更加热议的消息或者话题盖过汪峰信息的关注度,网友每次都调侃他"掐错点",甚至"心疼他",呼吁全民一起"帮汪峰上头条",令人意外的是,这些夸张的调侃反而给他带来了巨大的关注效力。"帮××上头条"一度成为数字媒介范围内的热门套语,网民纷纷用此套语来表达对某些事件关注度得不到应有效力的遗憾,而后这一系列的套语竟然出现了格式化和泛用化的趋势,意指对不公平待遇的辩驳,之后竟然发展成为一种带有经济利益的商业行为。

---

[1] 阿尔伯特·贝茨·洛德:《故事的歌手》,尹虎彬译,中华书局,2004,第213页。

1)"#帮存根网红上头条#"（新浪微博江西日报 2018-01-29）
2)"商洛全民扫雪行动正式开启，你扫雪我帮你上头条。"

（华商头条 2018-01-06）
3)"【蚁帮服务达人招募令】助你上头条 成就明星梦"

（蚁帮 2017-12-15）
4)"新浪微博推出了一款脑洞大开的新功能——'帮别人的微博上粉丝头条'。"

（趋势网 2014-04-19）

套语案例在微博、微信中比比皆是，如"对称性"套语："××素颜"系列，某某明星素颜出现在公众场合，以此产生妆前妆后是否一致的反差对比；还有"心疼××"系列，从"心疼—网红明星"到"心疼—剧情人物"，再到所谓"心疼—浙江考生"等；以及"××限制了我的想象力"系列，从最开始"贫穷限制了我的想象力"发展到各种能构成限制的因素都可以加入，以此来表达对现状的调侃，"学习/肥胖/视力 限制了我的想象力"等。

"叠句"套语：表达对一个人欣赏"始于颜值，敬于才华，终于人品"，到关注点改变后的调整表达不一样的意义"始于才华，敬于颜值，终于人品""始于人品，敬于才华，终于颜值"等。

而套语在"口头程式理论"中的又一重要表现就是"构成性习语"，即"名词—特性形容词"。简约性和系统音长是它的特征。其中，简约性在于约束篇幅句式中要素的步格（格律）的音长以及在此发挥的效力；系统音长指的是它习惯于对句法中更小的修辞集合长度的管制，而这一点在于以图片、视频发表为形式的社交软件中尤其凸显。比如："美呆的仙人掌""巨燃的电影""帅爆的演唱会""太搞笑的动作""超精彩的瞬间""牛掰的学霸""最最最满意的组合"等。其实，"名词—特性形容词"的套语力量不只是构成史诗中的重要特征，纵观整个口语发展脉络，这种描写性称谓从史前到如今仍然深深地影响着我们的话语结构，甚至成为一种话语基本构成的结构，使我们永远无法摆脱、无法绕过。

二、"俭省"系列与认知经济性

在口头程式理论中曾提到"相同程式类型"，这种程式类型完全是出于口语的经济性目的而使用的典型句法手段。"俭省"作为一种缩略化的表达方式可以使诗人快速地选择并完成叙述任务。当然，"俭省"的追求并不代表忽略音韵和谐的要义。洛德认为，"一个词会从语音上预示着下一个词的出现；一个词组对于下一个将要出现的词语的暗示，不仅是由意义、意义出现的先后顺序，而且也是由声学价值所决定的。"[①] 也就是说，当诗人利用"俭省"方式来使用词语时，是一定会考虑它的意义、长度、韵律，以及语音和语音词语前后的声学价值。而"俭省"方式与语言学中的语言"认知经济性"理论是极为对应的。应用到数字媒介话语中，"俭省"的表达方式可以使网民、用户迅速地完成意义传达。其实，"俭省"就是缩略语，运用"语词的紧缩和缩略使语言更加灵活、更加富有表现力。"[②] 同样的结论也见于英文的数字媒介话语使用中。塔莉亚蒙特和丹尼斯2008年的研究将新媒介英文话语的使用定义为英语语言在当代的演化，指出新媒介受众不约而同地采用相似的规律简化，而一些具有"俭省"形态的新媒介英文话语，使得新媒介英文语言更加口语化，单位信息传递因此而得到提升[③]。

网络言语交际的一个重要特征就是语言与符号运用的超经济性。

[①] 阿尔伯特·贝茨·洛德：《故事的歌手》，尹虎彬译，中华书局，2004，第44页。
[②] 塔尔德，加布里埃尔：《模仿律》，何道宽译，中国人民大学出版社，2008，第3页。
[③] Tagliamonte, S. A., & Denis, D. (2008). Linguistic ruin? LOL! Instant messaging and teen language. American speech, 83(1), 3-34.

而用户使用社交媒介时"用键盘、鼠标、显示屏以及网络作为口语文化交际的输入输出端口,受制于输入法、打字速度、网络传输等局限,口语交际的及时性与网络交际的延时性矛盾促使网络交际参与者尽量求省求简,以满足口语文化交际的及时性需求"[1]。同时,"俭省"手法会刺激话语的有效记忆,使其更加适应新媒体技术的传播速度。[2]

在微博与微信中,语量的"俭省"缩略化表达是较为常见的。比如:

① "你们城里人真会玩" → "城会玩"
② "网络管制人员" → "网管"
③ "微小而确实的幸福" → "小确幸"
④ "高端、大气、上档次" → "高大上"
⑤ "然而并没有什么卵用" → "然并卵"

字符的"俭省"缩略化表达,比如:

① BT(变态)、MM(妹妹)、DD(弟弟)、BS(鄙视)、RMB(人民币)
② GF(girl friend,女朋友)、BTW(by the way,顺便说一下)、DIY(do it yourself,自己动手做)
③ 3Q(thank you,谢谢你)、U2(you too,你也是)、F2F(face to face,面对面)
④ ID(identification,身份)、WEL(welcome,欢迎)

词义的"俭省"缩略化表达,比如:

① 倒霉→霉:你霉不霉啊?(你倒霉不倒霉)

---

[1] 吉益民:《网络变异语言现象的认知研究》,清华大学出版社,2012,第160页。
[2] 塔尔德,加布里埃尔:《模仿律》,何道宽译,中国人民大学出版社,2008,第3页。

②运气不好→衰：我是大衰哥。（我是一个运气不好的人）

③新手没经验→菜：你真是太菜了。（你真是新手，没有一点儿经验）

同时，还有键盘输入时间的"俭省"表达以及表达时间的"俭省"表达，比如：

"没有"→"木有""悲剧"→"杯具"；

"可爱"→"口耐""喜欢"→"稀饭"；

"有才华"→"油菜花""我自己"→"我寄己"

三、预制构件系列

帕里在他的研究中提示人们，要注意诗歌演唱时典型的场景和母题，也就是"关于可塑性的、具有多重构型之实体的'构想部件'"。他通过采用同一种故事的多种演唱版本的方法，发现存在这些"歌手"演唱过程中，得以快速构建诗行的那些传统单元的渊源（也称"建筑构件"），是存在于全部个体民众的思想意识中的。"预制构件"在初民社会中，更像是那些风俗习语，以及维系社会道德的"箴言"与"谚语"。而在数字媒介的话语环境中，这类样式的预制构件随处可寻。这几年，微博与微信的普及确实是助长了网上闲聊的气氛。因为之前的博客更倾向于书写，如同纸媒时期记日记这样的模式。而当前的人类生活都倾向更快的节奏，基本没有多余的时间用来经营博客，所以像微博、微信朋友圈这样字数不多又可以以"流水账"般写心情与状态的简短信息发布系统尤其受到欢迎。微博、微信的口语化极为明显，同时它的碎片化消解了庞大叙述的旧文风。更多的"草根话语"的涌现，并在媒介的话语浪潮中消长，成为了一系列的"预制构件"，使得用户们可以快速及时地编辑个人的口语化消息。以下举例分析：

"明明可以靠脸吃饭，偏偏要靠才华"事件，是一位谐星过去的清秀照片被网友翻出，因与现在相貌有巨大反差引起了网友的热议，而后事件主人公发微博称："我深情地演绎了：明明可以靠脸吃饭，偏偏要靠才华。"之后，这句话凭借口语化的易记忆易朗读，就迅速成为网民口语库中的预制构件，以此来代替形容人才貌双全。同样的预制构件也是比比皆是，比如：

①"我想静静"，②"吓死宝宝了"，③"世界那么大，我想去看看"，④"主要看气质"，⑤"人生如戏，全靠演技"。

四、"跨行接句"与 IRC 会话话轮

"跨行接句"是"程式"的重要特征，是口头创作的特点，更被称为检验任何诗歌口头性的试金石。它的形式是："（1）无跨行，一行诗的意义在行尾完成，不作随意性的延长；（2）'非周期性'地出现跨行，一行诗的意义在行尾完成，但又可选择延续到下一句诗行；（3）'必需的'跨行，既可接续未完成的句式，也可衔接在词组正中出现的中断，因而必须以接续方式引导出下一句诗行。"[①] 它的优势在于，在口头话语中即使这样一些例外情形发生，意义也不会中断并被完整地表达。但是，这里有个前提，即跨行接句并不能作为辨别口述文学与书面文学唯一的检验准则。在语言学中，IRC 会话结构中也存在着一个与其相似的形式：话语轮转。"相关研究表明，在日常 FTF（面对面）会话过程中，人们一般会自觉对话语表达和话语轮转加以控制，以保持一种协调有序的会话序列，即'A-B-A-B-A-B…'交互式会话流程，目的在于避免话轮交叠或停顿，使会话活动能够平稳顺畅地向推进，直至

---

① 约翰·迈尔斯·弗里：《口头诗学：帕里—洛德理论》，朝戈金译，社会科学文献出版社，2000，第63页。

结束"①。事实上，在数字媒介的话语对话中并不是严格按照这种交互式会话流程的，相反，"跨行接句"倒是能应对这些"空转""自转""跳转"的现象。尤其在微信的聊天群里，这样的情形是十分常见的，例如：

"××小区物业生活群"会话片段	跨行接句
48号3-101业主@48号3-601业主：老邢，你家这个月的车位租出去了没？	A——B
48号3-601业主@物业经理刘：刘经理，是不是下半年车辆物业费要涨啊？	B——C
48号3-601业主@48号3-101业主：还没有呢，甜妈，不是听说物业费要涨，没敢定价。	B——A
物业经理刘@48号3-601业主：601业主，是这样的，公司近期有这个意向，但具体涨幅还未通知。	C——B
48号1-201业主@物业经理刘：为什么涨价啊？现在的费用就不低啊！	D——C D——B
48号1-201业主@48号3-601业主：你好，你们之前准备出租多少啊？	A——B
48号3-101业主@48号3-601业主：老邢，那你要谨慎点租啊，太贵也不好有下家。	B——D
48号3-601业主@48号1-201业主：你也要出租车位吗？之前定价一个月5000元的。	B——A
48号3-601业主@48号3-101业主：对啊，这不一涨价，我心里都没底了。	轮空
物业经理刘：涨价是公司的决定。最近人工成本升高，没办法。	
……	

由图中的"跨行接句"可以看出，会话的跨行回应还是轮空状况都使得这则聊天群落十分自然，这正是"口语"自带的重要优势，毕竟，任何口语化的交谈在发生前一般并没有什么特设议题，且都是由

---

① 吉益民：《网络变异语言现象的认知研究》，清华大学出版社，2012，第160页。

随机的心情与兴趣情景因素催生的,话题的形成一般都具有"话赶话"这样的机制,数字媒介话语的会话机制是复杂又随意的,而"跨行接句"的巧妙就在于它在潜意识之间服从话题运行机制,并绝对维持这个话题的稳定。

总之,无论今日的文明如何高度发展,口语媒介的社交职能仍在发挥着重要效力。口头程式理论的巨大影响已在我们当代文化形态中展露无遗,我们可以选择和利用口语媒介的新发展来解决更多的困惑。也许口头理论的晚近发展更着重于特殊化语言的概念,以及特殊化语言的交流形式等问题。人们总是去选择使用某种特定迎合交流目的的言语方式。正如去选择登录某个电视频道或者门户网站、社交软件时,表达者必须要遵守规定的交流规则和交流模式,并且还要规范言语行为和讲话方式,这都有口头程式的影响力在起作用。

第四节 口语传播的意识形态分析:文学传播学视角

为了更深入地从内部视角阐释数字媒介口语化的理论内涵,我们需要对文学艺术的意识形态性做必要的考察。作为口语传播的内容,文学的意识形态性从内在的方面影响着数字媒介的口语化现象,因而文学意识形态性就成为我们理解口语化的一个必要条件。文学的意识形态性研究是一个成果丰硕的美学论域,已经取得了大量优秀的成果,但有一个缺憾那就是很少有从本体论这个最根本的层面来理解这一问题的,文学意识形态性具有的本体论意蕴是什么?文学传播的意识形态性又应如何看待呢?这就是我们本节所要探讨的问题。

一、文学意识形态性：一个文艺学经典论题

追本溯源，意识形态是马克思主义哲学经典概念，意识形态问题是马克思主义哲学理论的重要组成部分，而文学艺术的意识形态性则是马克思主义美学的核心命题。那么，经典作家是如何看待文艺的意识形态性的，文学传播的意识形态性又如何理解呢？我们不妨从马克思本人的论述说起。马克思认为，社会存在决定社会意识，一定历史条件下生产生活方式决定了那个时代的人们所能拥有的思想状况。按照经典作家的概括，意识形态包括政治法律思想、道德伦理规范、文学艺术、宗教思想以及哲学思想等。文学艺术体现着占据统治地位的意识形态对世界、社会和人的理解，并以感性的方式作用于社会生活。文学艺术作品及其文艺思想，一方面是对社会生活的解释和感性呈现；另一方面又感性地影响、引导着现实的人的情感和所思所想，在带给人们以审美感受的同时，也通过感性的方式"教化"人们。这就是马克思的文艺意识形态思想。

一方面，文艺的意识形态性是一个经典的马克思主义美学论题；另一方面，文学艺术作为"上层建筑"的一部分，它的意识形态性同时还涉及上层建筑和经济基础的关系问题。马克思在《政治经济学批判》一书中指出：

随着经济基础的变更，全部庞大的上层建筑也或慢或快地发生变革。在考察这些变革时，必须时刻把下面两者区别开来：一种是生产的经济条件方面所发生的物质的、可以用自然科学的精确性指明的变革，一种是人们借以意识到这个冲突并力求把它克服的那些法律的、政治的、宗教的、艺术的或哲学的，简言之就是意识形态的形式。[1]

---

[1] 马克思，恩格斯：《马克思恩格斯选集第2卷》，人民出版社，1995，第33页。

在马克思看来，文学艺术是"上层建筑"的一部分，其作用在于用意识的形式来把握真实发生的变革，是外部的现实变革反映于内部思维的"意识的形态"（idea form）。马克思将这些社会意识对于社会存在的反映称为意识形态（ideology），而文学艺术就是对社会现实的意识形态化的领会和表述。比如鲁迅生活于战争频仍、民族危亡的时代，他的文学就通过故事和人物来表达他对民族命运的领会——必须克服民族性格的劣根性。这就是文学艺术的意识形态性，也是包括文学艺术在内的所有社会意识所共有本质的一面。马克思说："我们判断一个人不能以他对自己的看法为根据，同样，我们判断这样一个变革时代也不能以它的意识为根据，相反，这个意识必须从物质生活的矛盾中，从社会生产力和生产关系之间的现存冲突中去解释。"[①]现实的人的活动是根本性的、第一位的，而诸多社会意识是对同一现实的不同的领会和解释，不同的文学艺术是不同的意识形态的表现。因此，同样，是民族危亡的紧急关头，却也有不少的文艺家选取了歌舞升平、醉生梦死、情意绵绵的角度来描述那个时代，真是所谓"商女不知亡国恨，隔江犹唱后庭花"。因此，诸多意识形态究竟孰是孰非绝不仅仅是一个理论争论的问题，而是涉及人们如何理解自身的处境，影响、决定着人们如何选择自己的行动，而选择和行动的结果就是民族的历史。可见，文艺的意识形态性是一个极端重要的方面。

二、存在与意识：文学意识形态的本体论意蕴

进一步探究马克思的论述可以发现，他并不仅仅在政治经济学或美学的意义上使用"意识形态"一词，"意识形态"也不仅仅是一种特殊的社会现象，而是对整个人类社会普遍生存状态的本真揭示，它指

---

① 马克思，恩格斯：《马克思恩格斯选集第2卷》，人民出版社，1995，第33页。

向一个存在论（本体论）论断，是一个存在论（本体论）词语。那么"意识形态"的本体论意蕴到底是什么呢？用一句话概括就是"社会存在决定社会意识"，这就是马克思主义意识形态本体论思想的核心。这句话对于了解过马克思主义的人们来说并不陌生，"存在决定意识""经济基础决定上层建筑"等表述，实际上都是对马克思主义意识形态本体论思想的有限表达。之所以称为"有限表达"，是因为后两种说法并没有完全地体现"社会存在决定社会意识"的全部内涵，是某种便宜行事的简略说法。"社会存在"是比"经济基础"更为根本的表达，因为不仅仅是经济基础，人的一切现实的感性创造和活动都造成"社会存在"，"社会意识"正是对社会存在的反映，"上层建筑"则是社会意识里最为突出的部分。对这种决定关系，马克思说："在不同的财产形式上，在社会生存条件上，耸立着由各种不同的，表现独特的情感、幻想、思想方式和人生观构成的整个上层建筑。整个阶级在其物质条件和相应的社会关系的基础上创造和构成这一切。"[①] 也就是说，以私有制为基础构建起来的社会中，资产阶级和无产阶级之间真实的权力关系（剥削）分别生成了资产阶级意识形态和无产阶级意识形态。

对于"社会意识"，马克思已经论述过了，但什么是"社会存在"呢？它既是人们在与自然和他人的交往中的感性创造活动，同时也是实践活动所创造出来、凝结出来的客观事物。在人类社会中通过人们的劳动制作、创造出来的一切存在都是社会存在。比如人制造的各种"工具"，即是人将自己的理想作用于自然存在所得，通过人的有意识活动将自然存在从自在的存在化为"为人的存在"，人们就得到了各种社会存在，而人的自由理想也在其中得到了实现和保存。因而社会存在是人的本质能力的体现和证明，人类社会的方方面面的事物，小到一件器物大到各种社会现象甚至整个社会制度都是"社会存在"。

---

① 马克思，恩格斯：《马克思恩格斯选集第1卷》，人民出版社，1995，第611页。

社会存在的客观性是无可置疑的，它是人的理想在自然中的实现，而社会存在的主观方面即如何在人的意识中得到表述、表达和说明，换言之，如何将社会存在内化为人们头脑中的社会意识，就涉及了所谓"意识形态"问题。如上所言，意识形态的任务就是如何将现实的社会存在观念化，形成观念性的存在并内化于人们的思维中，也就是所谓"上升为理论"。在马克思所在的时代，占据统治地位的意识形态刚刚从基督教神学意识形态过渡到资本主义意识形态，社会生产和生活的统治原则是私有制和剥削劳动。马克思指出，资本主义意识形态在解释世界的过程中，通过掩饰资本主义异化劳动的本质，将其美化为合理的等价交换来维持资本主义制度的"合法性"，其实现途径就是制造和传播资本主义意识形态。国民经济学、社会契约论、代议制民主政治及其法律都是为资本主义合法性辩护的意识形态。

　　马克思说："以观念形式表现在法律、道德等中的统治阶级的存在条件（受以前的生产发展所限制的条件），统治阶级的思想家或多或少有意识地从理论上把它们变成某种独立存在的东西，在统治阶级的个人意识中把它们设想为使命等；统治阶级为了反对被压迫的个人，把它们提出来，作为生活准则，一则是作为对自己统治的粉饰或意识，一则是作为这种统治的道德手段。"① 可见，当时的诸种社会科学和政治法律，都并非完全"客观"的。比如国民经济学的支柱概念之一，"理性经济人"② 原则认为，工人工作的目的就是为了取得报酬，满足自己的利益追求。这显然完全忽视了工人做工具有迫不得已的因素，如果工人不在劳动力市场上以一定的价格出卖自己的劳动力给资本，那么他面临的就是饥饿和死亡。

---

① 马克思，恩格斯：《马克思恩格斯全集第3卷》，人民出版社，2006，第491-492页。
② 这一概念是英国古典经济学代表人物亚当·斯密（1723—1790）提出的，他认为人的社会行为的根本动机在于追求自己的利益，行为选择的本质是利益的权衡。因而，他认为工人工作的目的就是为了取得报酬。

知识、社会科学为什么会失去其"客观描述、反映世界"的初衷而成为某一阶层的特殊利益的辩护者和代言呢？是什么力量使得国民经济学从多种经济学理论中"脱颖而出"成为官方的意识形态呢？答案就是当时社会生活、生产的现实基础。马克思的意识形态思想的重要贡献就在于指出社会存在决定社会意识。资本主义社会的生产生活以资本的无限增殖为目的，凡是一切有利于这一目标实现的理论都会最终得到权力的认可。这种理论必然有两个特点：一是能够最好地说明彼时当下的社会生产生活是如何运作的，即最好地解释社会现实、解释世界；二是能够作为规范来引导社会生产，规范人们的思想，使得资本原则内化为社会成员的自觉意识。

可见，统治地位的意识形态之统治地位的取得，并不是自然如此、历来如此的，而是社会权力在思想意识领域的统治地位的表现和结果。马克思正是在这个意义上指出，"统治阶级的思想在每一时代都是占统治地位的思想"，意识形态是"以思想的形式表现出来的占统治地位的物质关系"[①]。从理论上总是具有一定独立性外观而言，统治地位的意识形态与统治地位的物质关系具有"合谋"关系；然而从根本上，是社会存在决定了社会意识，占据统治地位的社会制度必然上升为占据统治地位的社会意识，这就是意识形态的产生。

文学艺术属于上层建筑，包括观念上层建筑和政治上层建筑，前者包括政治法律思想、道德、宗教、文学艺术、哲学等意识形态。文学艺术作为社会现实生活的某种艺术化的反映，按照马克思主义的看法也必然具有意识形态性。按照王磊博士的研究，虽然文学艺术的意识形态性在中国语境中经历了审美转向和文化转向等新的发展，[②] 但文学艺术的意识形态性一经揭示出来就成为了文学艺术理论研究一个无

---

① 马克思，恩格斯：《马克思恩格斯选集第1卷》，人民出版社，1995，第98-100页。
② 王磊：《中国语境下的文艺意识形态论》，知识产权出版社，2015，第3页。

法回避的重要侧面。

文学意识形态理论揭示了一个基本的社会历史事实,即不同意识形态在现实中处于对抗的关系之中。近代以来,资本主义意识形态与神学的、各种其他前现代意识形态对抗,到了马克思的时代,伴随着资本主义生产方式成为统治性的生存形态,资本主义意识形态全面占据了统治地位,神学走下神坛。

三、教化与虚幻:文学传播的意识形态性

从世界范围来看,文化帝国主义所代表的资本主义意识形态对世界上其他国家极力输出自己的价值观念。以美国的意识形态渗透和输出为例,他们推崇的目标和原则与社会主义核心价值观看起来并无二致,比如自由和民主。但实际上,自由和民主作为人类共享的理想,经过资本主义意识形态的解释,却呈现为某种封闭排他的特异(unique)形态。比如"民主"本义是人民做主,按此定义,作为我国革命斗争最终成果的人民民主专政即是对这一理念的最好实现。但美国意识形态解释下的"民主"却具有特异内涵,即西方历史上的资产阶级革命以及美国建国革命所奠定的"代议民主制",特别是美国的"三权分立"和"总统制"。严格地说,民主发展为如此特异的形式,已难以具有所谓的"普适性",因为这样的制度安排是欧洲革命的历史成果。[①]虽然民主是人类共享的价值理想,但每个民族和国家取得民主、

---

① "三权分立"是资产阶级革命以及内部平衡的结果,并且每个国家的情况都不同。如英国上院并非普选得来,而是精英(贵族)传统的遗留,而法国革命最为彻底就不存在这个问题。再如美国的行政(政府)是总统制,总统独揽各部门人事大权,总统选举是赢者通吃的游戏,代表性成疑;而德国政府的首相制,内阁成员来自各个取得选民支持的党派,其代表性无疑较总统制高出许多。生搬硬套必然水土不服,"二战"后照搬美国的菲律宾即是一个最明显的例子。

实现民主的方式，只能孕育于特异的、现实的历史进程里而无法跳出这个条件。因此，以美式民主来定义"民主"并将之输出至全世界特别是非资本主义意识形态的国家，则是一个实在的错误，并不具有历史的正确性。就此而言，美国的民主输出显然不仅是受价值理想的推动而进行，其中隐藏了控制对手、维持霸权的意识。这种意识掩盖着自身的真实目的，将消灭对手的目的粉饰为正义和道德的行动，[①]这就是意识形态对抗的真相。归根到底，资本主义意识形态的最高目的就是在全世界范围内推行资本主义的生产方式，消灭阻碍资本增殖的一切障碍，而社会主义生产关系和意识形态显然是一个强力的对手。

任何文学艺术作品在公共空间中传播开来，总是不可避免地带有一定的意识形态性。不论是感性的现实共存关系，还是抽象的网络空间连接，任何通过媒介进入人们视界之中、产生感性影响的文艺作品，大到成熟的文艺制作（影视、文学作品），小到网络空间上的只言片语，都会对同一场域中的人们产生某种思想层面的教化和塑造作用，从而加强或削弱、产生或消灭某种意识形态。传播过程本身就是意识形态发挥作用的过程，两者是统一的。

列宁的社会主义国家理论认为，为了建设社会主义国家的新文化，必须重视意识形态的"传播"和大众精神的教育问题，他说："工人本来也不可能有社会民主主义的意识。这种意识只能从外面灌输进去，各国的历史都证明：工人阶级单靠自己本身的力量，只能形成工联主义的意识……而社会主义学说则是从有产阶级的有教养的人即知识分子创造的哲学理论、历史理论和经济理论中发展起来的。"[②]他强调，要有意识地加强社会主义意识形态建设，使它成为凝聚人们的思想，促进社会主义革命的积极力量。可见文学艺术的意识形态性成为列宁的

---

① 比如提出"人权高于主权"等口号，显然具有掩盖干涉、控制别国之目的的意味。
② 列宁：《列宁专题文集——论无产阶级政党》，人民出版社，2009，第76-77页。

社会主义国家建设理论的一个组成部分。

诚如列宁所指出的,要想使国家意识形态对社会建设加以有效的指导,离不开有效的传播。口语的、书面(印刷)的、广播的、电视的以及互联网(数字媒介)的传播途径,都是意识形态赖以发展和展现自己、对社会生活产生作用的途径(媒介)。离开了传播,意识形态就无法持续地存在,离开了有效的、深入人心的传播,意识形态的影响就会被弱化甚至被相左的意识形态所替代,这就是传播对于意识形态的极端重要性。就此而言,传播不但是意识形态的传播工具,实际上也是意识形态实现自身、取得现实性的必然环节。

数字媒介是基于互联网而产生的新的传播技术和途径,代表新型的生产力和生产关系。数字媒介对于旧媒介的革命性,体现在它具有即时性、开放性、平民性、交互性、口语化、虚拟性等特点。总的来说,数字媒介作为一种技术力量,深刻地改变了人们的生活生产。作为社会意识的存在基础,人们通过数字媒介所展开的社会生活,具有如上所言的多种新特点。这些无一例外都影响到了意识形态的内容和传播。

数字媒介使得意识形态的内容有了更新甚至是革命。以即时性为例,最新资讯(最新产生的事物)在数字媒介时代的社会生活中具有了更高的合法性,"以古为尊"的观念不再是意识形态的核心。就开放性而言,"民可使由之,不可使知之"的观念从来没有遭到像今天一样的批判,对于信息的公开透明和共享是信息时代最高的法。平民性即传播主客体之别的消失,人人都是传播内容的给出者(制造者、源头)和接受者(消费者、终端),这种差别的泯灭使得经济、政治生活中的平等性具有了更强的号召力。交互性,即数字媒介所连接的人们不再单方面地接受固定的观念灌输,而是在互动之中检验、并影响传播在其中的观念,这既导致了某种灌输的失效又增强了真正有力的意识形态的传播效果。口语化是数字媒介传播的语言特性,口语文化在数字媒介中复兴,成为统治性的文艺形式,感性力量对于传播的重要性上升甚至压倒了书面文化,成为意识形态传播的新场域。同时,意识形态毕竟是社会存在的某种表达和提升,最终还是受到社会存在的制约和决定,如果脱离了人们生活的实际,不论传播技术和形式如何包装、美化,总是更多地暴露出其虚幻性,数字媒介因依托虚拟网络而存在,成为虚假观念、谎言谣言等意识形态虚幻性现象存在的集中场域。

文学传播和口语传播在数字媒介条件下的这些新特性亟待我们做出必要的考察,新现象、新变化的产生发生于传播与意识形态的互动当中,以此为视角穿透表象的迷雾从而进入深层实质的探讨,对于理解数字媒介话语的口语化现象是必要的,这就构成了本书下一章的任务。

第四章 数字媒介话语口语化传播与意识形态的互动

莱文森对于"新新媒介",如Facebook、Twitter、网络流媒体YouTube曾提出如下特性:"(1)其消费者都是生产者;(2)其生产者多半是非专业人士;(3)个人能选择适合自己才能和兴趣的新新媒介去表达和出版;(4)新新媒介一般免费,付钱不是必需的;(5)新新媒介之间的关系既相互竞争,又相互促进;(6)新新媒介的服务功能胜过搜索引擎和电子邮件;(7)新新媒介没有自上而下的控制;(8)新新媒介使人人成为出版人、制作人和促销人。"[①]这8个特性表征着最新型的传播力。但是,我们无法一劳永逸地把握"新新媒体"的本质特性,相反,它不断发展变化而我们则不断更新自己的观点。

---

① 保罗·莱文森:《新新媒介》,何道宽译,复旦大学出版社,2016,第3-4页。

另外，这 8 个特点之中最核心的特性是第一点，即每个人都是数字媒介传播中的生产者和消费者，其他诸点从逻辑上都已蕴含在其中了，它们都派生于第一点。对此，莱文森表示："每个消费者都是生产者。这是一切新新媒介底层的核心特征。"①在莱文森看来，新新媒介是对新媒介的涵盖和进化。新媒介之为新媒介，在于它并非"按照媒介确定的时间表去使用"，而是"按照使用者方便的时间去使用"②。但它仍然"不得不等待别人生产的内容"，而新新媒介的用户是"消费者/生产者共同体"，真正打破了生产/消费的原有结构，实现了用户的"真正的权利，而且是充分的权利"③。

可见，新新媒介对于以往媒介形式和技术的"革命性"根本上在于它对传播二元结构的超越，和对立二元的统一——生产和消费，开端和终端，供给和需求。它颠覆了传播中的"权力关系"：以往的传播活动，信息的接受一方总是受到发布一方一定的控制，它们拥有所谓"议题设置"的能力，可以在很大程度上控制整个传播活动：制定目标、引导传播走向，达到传播的特定目的。④但这种能力在新新媒体（自媒体）传播中被打破了，"议题设置"基本宣告失效。其深层内涵，则意味着一种"权力"关系——信息发布者对信息接受者的控制能力——的终结，随之到来的是一个更为平面、更为平等、更为开放的局面。媒介传播的主导一方不再是在资源量方面占据相对优势的少数信息源或传统供给方，而是升级为在资源总量上占据了多数优势，但从前却是松散分离的大众一方。毋庸讳言，这是平民的胜利，这就

---

① 保罗·莱文森：《新新媒介》，何道宽译，复旦大学出版社，2016，第 5 页。
② 保罗·莱文森：《新新媒介》，何道宽译，复旦大学出版社，2016，第 7 页。
③ 保罗·莱文森：《新新媒介》，何道宽译，复旦大学出版社，2016，第 7 页。
④ 因而虽然资本主义意识形态宣称"新闻自由"是传播业的基础，但从更深的层面上看，议题设置总是包含内在的目的，往往就是特定意识形态的宣传。

是新新媒介所具有的属于整个人类的"历史性"进步意义!它让我们向真正的平等和"自由人的联合"迈进了一步。因此,新新媒介的本质特性当然与意识形态问题具有深层的、密切的关联。

第一节　文学传播新特性：与意识形态共舞

现在，我们结合数字媒介传播的具体案例，说明数字媒介传播与意识形态互动下的几大特征。

一、口语的驰骋：数字媒介传播的开放性、感性化与交互性

首先是开放性。

数字媒介依托于互联网技术，因此作为"底层"的技术特性就会延伸到数字媒介传播。互联网本来的名称——广域网及其缩写"WWW"最好地表明了互联网是一种联结整个世界的技术，它在可感空间之外创造了一个技术性开放的网络虚拟空间。与传统空间不同，互联网空间创设的初衷就是开放的网络互访。"QQ邮箱"的登录界面上始终保留了最初的那句宣传语："1987年9月14日21时07分，中国第一封电子邮件从北京发往德国，'越过长城，走向世界——Across the Great Wall, we can reach every corner in the world.'"其中包含着互联网理想最初的自我表达，即通过技术联结全世界。世界互通互联是真正高远的理想，它意味着真正的、彻底的开放性。互联网技术本身不包含任何现代国家意义上的"领土"概念，因此也不存在任何以国家或团体"领土权利"为名的人为界限。来自任何一个国家或一片领土的人，总是能够以相同的开放性同质地访问互联网空间的任何一个地方、角落。因此，在某种意义上，互联网使得每一个网民都成为了

"世界公民"，地球村的一份子。用另一个词来概括这种开放性，就是"网络自由"，包括接入互联网的自由、访问互联网内容的自由。

当然，这种"自由"和"开放性"并非绝对无界限的，以"网络自由"为名在互联网上从事非法的、不道德的活动在任何国家和地区都是不被允许的，互联网并不是法外之地。因此，互联网的虚拟空间性并不能脱离现实性，它不是脱离现实基础的"空中楼阁"，相反，人们的网络自由很大程度地被现实的自由所决定。以技术而言，如果缺少访问网络的设备和技术，那么互联网的开放性和自由就止步于现实的界限那里。比如贫穷和偏远地区的网络自由和开放性，就与当地生活的实际自由和开放性是相匹配的，这一点对于全世界又是一致的。以技术之外的因素而言，网络信息审查普遍地存在于全世界各个国家，比如，美国虽然号称是"自由世界"的代表，但反同性恋言论却是被"封杀"[①]的，即"政治不正确"不具有网络空间里的自由，这与西方法律不保护不合法言论之"言论自由"的实际是一致的。此外，在美国发表批判资本主义生产方式的言论虽然不受到法律限制，属于言论自由，但在现实的话语空间中却难以真正发声和被听到，这源于资本的隐性控制。而相似的情况同样出现在网络空间上，甚至因为互联网技术高度依赖资本的支持，真正的批判言论比在现实中更有效地被"噤声"——消费主义和娱乐化地充斥、轰炸太容易淹没面向现实的批判。

无论如何，数字媒介因为继承着互联网技术的开放性，在总体上仍然具有前所未有的开放性。现如今，人们可以通过微博、微信迅速地知晓世界上任何地方发生的事，信息传播的技术门槛降至极低——

[①] "封杀"是一种具有互联网特色的现象，它与"禁止"有一个根本不同，即禁止可以做到事前阻绝，但网络上的事前阻绝几乎不可能。通常情况下，往往只能在"源发性事件"出现后对其"事后处置"，此时的禁止就是对已经形成影响的现象加以禁绝，因而"扼杀在摇篮"的理想性"禁止"早已不可能，这样的"禁止"也只能是"封杀"了。

人们只要拿起手机或者面对手机镜头，就能够立即生产出相应的内容，通过互联网将其传播出去。这是以前的旧媒介时代所无法想象的，那时的传播高度依赖专业化和有取向（所谓"选题"）的职业媒体。而如今，阻碍人们获取信息的时空限制，被数字媒介的开放性彻底打破。数字媒介在冲击传统媒介生存基础的同时，向人们展示了充满吸引力的前景，那就是更迅捷的、更充分的信息互通，全世界各地人们的互通互联。

其次是数字媒介语言的感性化特征。

以 Twitter 为例，传播的口语化特征极为明显，这是数字媒介传播普遍的特性。莱文森说："一切思想都源于心灵，用不那么形而上的话说，一切思想都源于大脑。……思想以相同的速度传递到舌头或手指。"① 在 Twitter 上发布一条信息，使它传播出去比以往任何传播的形成都容易得多，"如果我写的是我很喜欢福德姆街上的比萨饼，或者是我对违背《第一修正案》的想法，或者是我对总统最新讲演的看法，我可能在几秒钟里就一挥而就了。"事实上也正是如此，不但网民评论总统的言行是如此容易，就连总统本人都经常在 Twitter 上阐述自己的政见和主张。没错，我们说的正是美国前总统特朗普（Trump），他的竞选当选过程以及当选之后的政治活动里很重要的一部分就是时时通过 Twitter 发布、阐述自己的主张。当然，数字媒介运用于政治早在前任总统奥巴马当选的过程中就有意识地使用了，但其普遍性、影响力和深度不能与特朗普相比，后者因此赢得了"Twitter 治国"的绰号。

通过数字媒介阐述发表个人观点，引起广泛的关注和讨论，不论收获的是赞同或批评，其传播效应和影响力都是巨大的。虽然传统媒体似乎也具有类似的性质，但数字媒介传播活动的生产和消费完全取决于平台上的点对点个体，绕开了传统媒介的信息"制作"，这使得特

---

① 保罗·莱文森：《新新媒介》，何道宽译，复旦大学出版社，2014，第39页。

朗普和关注他的人获得了直接的对话和反馈，避开了任何有意无意地由媒介带来的曲解。比如特朗普就经常在 Twitter 上斥责美国重要媒体报道不实新闻，比如他与《纽约时报》就结下了不少恩怨，甚至一度禁止后者与一干主流媒体进入白宫采访报道。①在美国，媒体贵为民间所称的"第四种权力"（The Fourth Estate）②，如果是在过去的旧媒体时代，难以想象总统可以与新闻媒体如此交恶。但数字媒介革命改变了这一切，总统的政治主张可以不必受制于新闻媒体的采访报道这个"中介"，而是可以直接通过数字媒介传播他的思想、意识形态，形成巨大的、足以匹敌传统传播方式的影响力。最为关键的是，他的"推文"具有显著的口语化特征，并且经常使用随意的甚至粗暴的语言。这使得他的推文具有强烈的情感感染力或挑动性，而这正是他广受讨论和频频引起争议的内在原因。

以他的总统竞选经历看，能够最终在主流媒体明显支持希拉里的情况下大胜当选，③已经证明了数字媒介所拥有的巨大能量和传播效果。而如此巨大传播力的重要根源就在于它明显的"口语化"特征，使得传播一定程度上超越文字形式本身的局限——因为文字是抽象的符号，而非感性的图像。过去我们常把肢体语言、手势等传播形式的传播力还原为文字符号来考虑，但今天这一状况应当得到重新考虑。依托数字媒介技术的口语传播所达到的传播力，迫使我们思考口语和文字哪个才是更根本的。

口语本身与书面语的重要不同就在于它有很强的对抗性，而网络

---

① 恩怨始于《纽约时报》在竞选中多次公开支持特朗普的对手希拉里，并攻击、"抹黑"特朗普。当选后，特朗普亲自拜访其总部并释放善意，而《纽约时报》以《特朗普，我们绝不可能好好相处》《在时报总部会见一个渴望被爱的特朗普》回应，这最终演化为双方关系的破裂。
② 按照美国社会通行的共识，即立法、司法、行政三权力之外的第四种权力。
③ 根据统计，美国100家主流媒体中有43家明确支持希拉里，支持特朗普的几乎为零。

语言（数字媒介话语）本身的对抗性极强。平白无奇的话语难以传播是常识，但这一点在数字媒介上被急剧放大了。我们可以观察到，凡是得到广泛关注和传播的话语总是那些情绪化的语言所表述的对抗性的主题，这就是所谓数字媒介话语的"话题性"所指。相反，基于逻辑分析的理性话语则毫无吸引力，不会引起读者的任何传播冲动。这就造成了数字媒介话语往往以段子、比喻来代替书面性的说理、客观的分析。用户群体对话语的反应具有很强的应激性，我们往往容易被反义词强烈的对比——比如"天使的面孔下恶魔的心灵"——所激发，直接导向传播行为。这构成了数字媒介话语的特定"话术"——为求得到最大传播力而进行话语包装。表达的形式影响了思维的形式，对于数字媒介"生存"来说，思维的方式必须十分有利于迅速地用口语再现，否则就是低效的。

再次，是交互性。

数字媒介实现了交流和信息传播的实时性，因此敞开了交互性。因为互联网技术的基础光缆通信是以光速传播，所以信息从生产到抵达是无须等待的，这使得信息的传播具有即时性，从而改变了以前的"发送/接收"的二元模式，成为具有交互性的。传播内容可以不必以绝对完成品的面目出现，而是可以留下与受众互动的空间；甚至，内容的生成已经无法完全由所谓"制作者"决定，而是变得离不开受众的参与。消费者参与到产品的生产中来，生产/消费的二元结构被彻底打破。

对于这一特性，可以用中国地区最有影响力的即时通讯软件"微信"来说明。可能会有人认为，短信和微博、Twitter上的即时互动也为人们提供了一定的交互性，这当然是事实。但必须指出，这种交互并非全然实时的。而微信则不同，一方面它集成了上述媒介的诸多互动方式，比如我们用微信发送文字信息时它就相当于短信，当我们相互发送录制的语音消息时它就是留声电话或对讲机,当我们用微信语音聊天时它就是QQ,而当我们发布朋友圈与亲友互动时它就是微博/Twitter,而这一切都可以通过微信来实现。这样它就成为全方位的通信和沟通媒介,之前曾使用的所有沟通形式都可以通过微信实现。不要低估这种全方位沟通的变革意义,它使得数字媒介沟通与实际的、面对面沟通的差别变得模糊起来,在形成某种替代的同时更是成为真实沟通的一部分。而另一方面,微信的不同还在于全方位沟通的实现是完全实时的,移动互联网技术的普及使得人们可以随时在线,不论一个人身处何处、在一天中的什么时间,只要有互联网接入,微信就让他随时可以和他人沟通。比如,信息的实时发布不必再依赖成套的录播、卫星转播和观看设备,仅仅依靠一个软件就可以实现,即实时直播软件。①

在即时直播活动中,信息的生产和传播是实时的、受众参与的,观看直播的人不仅是在观看一场排练好的节目,而是可以要求"主播"随时增加或减少、延长或终止整个传播。而且,与其说是主播主导着直播,不如说是主播跟随着受众的兴趣和要求在代为主持一场由观众主导的节目。不难发现,交互性的数字媒介传播,意味着受众主体地位的觉醒。旧媒介传播所习惯的自上而下的灌输式教化在数字媒介传播的冲击下,已经迅速萎缩。以市场表现而言,传统媒体的整体表现早已无法和数字媒介抗衡。在数字媒介上,如果某种内容或信息不能有效地吸引到受众的关注,那么即使它代表财力雄厚的跨国公司甚至是国家,也只能停留在传播场的冷清角落中,这被叫作失去"热度"。②因而,实时/即时带来的是交互,而交互则意味着过去作为被动一方

---

① 虽然微信没有上线直播功能,但显然它具有立即实现此功能的技术能力。反过来看,直播软件在交互理念上与微信无疑也是相通的。
② 举例而言,世界500强的微博运营并没有引起高热度的关注,似乎只有杜蕾斯例外,它的微博营销总是能抓住、借势热点、引起讨论,是一个成功的微博传播的案例。

的传播受众之主体权力的觉醒。显然，这对意识形态传播带来了根本性的变革。

二、把关人的消亡：数字媒介传播的扁平化与平民化

首先是传播的扁平化，即平面化。

网络是平的，互联网上每个使用数字媒介的用户之间的关系都是平等的。这一平等是由技术实现的客观的平等，无论是拥有千万粉丝的微博名人还是刚刚登录微博的新用户，他们的微博软件、用户交互界面都是相同的。特朗普与普通用户的 Twitter 操作界面也没有什么不同，这叫作"垂直交互"，即任何用户都是垂直地与平台相连接。媒介网络上的每个点之间也是平等的关系，这就构成了一张巨大的扁平化的媒介网络。旧媒介传播中广泛存在的层级系统变得模糊，甚至消失了。以微博为例，一条信息的传播，往往经由个体用户一传十、十传百地自发"转发"。那些得到广泛传播的内容，就其传播过程来说呈明显的"辐射"状，而非传统媒介经过层层分发而形成的"投射"状。

不过，用扁平化来描述数字媒介传播，并不是说传播过程中的每一个点都是完全相同的。在这张传播网络上，信息源与个别重要的传播环节可以具有稍稍高出其他环节的地位，就像一张桌布上有个别的凸起。但从两个方面看，数字媒介的扁平性仍然是根本的。

第一，对传播具有重大贡献的节点、环节，往往是具有众多关注者（粉丝）的所谓"意见领袖"，可以是某个具体的个人，也可以是机构或组织。有时他们的影响力是如此巨大，以至于看起来似乎全是靠他们的功劳才使得一个内容的传播效果发生质变。但如果我们细究传播的过程，就会发现一个热点事件的传播过程无论多么依靠意见领袖的贡献，他的传播形式仍然只能是"辐射"式的扩散，而不是分发式

的"投射"。这是由数字媒介技术的固有特点决定的,无论我们是通过微博转发、微信分享朋友圈还是 Twitter 或 Facebook 的类似功能,传播的技术形式始终是个体用户对信息的"单份"传播,即便一条信息得到万次以上的转发,也是通过"接力棒"式的个体传递扩展开来。这与我们使用旧媒介的习惯十分不同,当我们阅读一份报纸、观看一部节目、浏览一个新闻的时候,传播过程是信息由制作者发布到消费者接受这一过程的千万次重复,当消费者获取信息的时候传播的主要过程就结束了。但对于数字媒介的扁平化传播来说,真正重要的传播起点则是用户获取了信息决定转发的时刻,传播成功与否不仅取决于固定订阅用户是否及时地获得了信息,更取决于信息是否在整个互联网上活跃起来、得到高热度的关注和讨论,其中具有关键意义的是能否唤醒此前不曾与事件有直接关联的"沉默多数"参与进来。因而对于整个数字媒介传播来说,虽然意见领袖和信息源具有稍高的重要性,但最重要的仍是整个扁平化网络中的多数个体。

第二,对于旧媒介传播来说,传播内容的制作是决定性的。取得良好传播效果的核心要素是独特的视角、丰富的内容、良好的制作和吸引人的推介,而所有这些都是在传播开始之前就完成的,一旦新闻发布、节目开播,制作者的工作就好像考试"交卷"一样"结束"了。于是,制作者参与的前期传播,受众是静待的;而受众参与的后期传播,制作者却又置身其外。制作和消费、发布和接受总是相分、割裂的。数字媒介传播则不然,它的传播内容绝非一成不变的,也并不由原始制作者决定。相反,传播环节、转发者对内容的"再制作"往往成为传播成功的核心要素。比如一条热点微博的形成,如果信息源本身足够"优秀"和"完备",受众的参与将是浅层的比如简单转发,但如此未必能达到最好的传播效果。如果信息是"原生"但真实感人的,虽然按照旧标准仅是粗糙未成形的"新闻",却能引起关注者极大的参与热情，我们就会以评论等方式参与到信息的构造当中去，而这种参与随着转发的不断进行，会不断地将原生的事件提炼为具有真正传播力的信息。因为转发者的参与必然是集中在具有吸引力的焦点因素上的，因此参与者的转发本身就在实时地、自发地提炼传播要素、推动传播。基于这两个原因，我们仍然认为扁平化的、辐射式的自发传播构成了数字媒介传播的重要特质。

其次是传播的平民化。

平民化略同于"世俗化"，是启蒙所奠定的人类生活基本特征。如果说旧媒介是由社会精英所掌握的宣传部门和盈利工具，那么数字媒介无疑是属于平民、普通人的。与"平民性"紧密相关的另一个概念是"世俗化"，两者之间是相互解释的。旧媒介往往并不以平民的生活为中心，传统媒体的新闻报道往往聚焦于国家大事、社会要闻等更为精英化的主题。而能够成为数字媒介传播热点的除了宏观层面的重大信息，还可以是普通人的遭遇。比如在微博、微信上，常常有普通人的感人故事或者悲惨遭遇成为关注的热点。虽然旧媒介上也能够报道此类事件并引发关注，但数字媒介对这类事件的传播与旧媒介是截然不同的，其中最大区别就在于"参与度"——当事人或亲历者以自媒体的形式为传播开头，网络上的普通人大量地关注和参与传播，事件在此种传播的影响中继续发酵进而产生更大的传播；而此类事件在旧媒介上的传播过程则有很大不同，比如新闻的制作往往是第三人称的，受众虽然也可以"自我代入"但与新媒体传播的直接参与事件截然不同，受众自始至终只能"静观"而无法"参与"。因而我们仅仅是"看"新闻，新闻与受众之间有一层"天然"的隔阂，使得新闻当事人及其故事始终无法真正成为"身边的人和事"。而数字媒介传播则做到了这一点，通过参与传播，不论是转发还是赞或踩，当事人都与我们成功地建立了"感性关联"，尽管这关联位于虚拟空间之中，但我们对此的感受和关注远比观看新闻更真切。在数字媒介上，普通人的生活即世俗化的平民生活才真正可能成为传播的核心内容之一。

从现代社会的形成历史来看，"世俗化"构成了现代社会的精神基石之一。世俗化脱胎于反对宗教化的运动，是近代西方理性启蒙运动的一个重要精神目标。近代生活的基本目标是为宗教生活和世俗生活划定界限，限制神权对世俗生活的干预，为世俗生活留下自己的主导原则和自由空间，走出神学的全面支配。

三、数字媒介文学传播的局限：身份、效力与真实性问题

以上列举的诸多特性，多是正面性的、包含了历史进步意义的。如果说从技术层面来说，数字媒介传播已经在突破性的变革中完美地重塑了媒介传播与意识形态的相互关系，那么在价值层面上却不应忽视，数字媒介传播也有诸多自身的局限性。对此，我们可以从三个方面加以分析。

第一，使用人群构成了对数字媒介传播的限制。众所周知，数字媒介所依托的互联网技术不过仅仅诞生于几十年前，而 Facebook、Twitter、微博、微信等媒介的历史更是仅仅十几年。21 世纪是属于互联网的，但社会主导人群却主要出生在 20 世纪 80 年代之前，他们的成长并不像今天的青年一样受到互联网的深刻影响。相对而言，他们更习惯于接收旧媒介传播。当然，随着数字媒介使用人群成长为社会中坚，数字媒介传播也会更具统治地位，这一过程今天也在发生。但另外一个问题却更为要紧，那就是数字媒介赋予了所有网络使用者以平等的地位，这种抽象的平等地位抹平了他们在线下生活中的几乎一切实际的感性差异，由此就产生了旧媒介时代不曾有过的"网络暴

民""网络暴力"的现象。从前,旧媒介所隐含的不平等性和阶层结构在一定程度上筛选了话语权持有者的身份,压制了不理性、不成熟的声音的表达。而如今的数字媒介上,却很容易充斥网络暴力。数字媒介在赋予使用者以平等地位的同时,如果他们不能自觉地遵守一定的"网络公德",那么数字媒介就会成为负面情绪和戾气的发泄场。常常可以看到新闻、事件或表达本身并非极端过分,却受到不相应的粗鲁和无限上纲的回应。阴谋论、粗鄙的语言更是十分轻易地出现在基于所有热点事件的评论、转发中,还往往获得数量众多的认同。我们认为,网络暴力现象集中于数字媒介之中,并不是由数字媒介决定或引发的,真正的原因还是现实生活空间中的负面情绪流向了更为容易简单发泄的出口。但同时,数字媒介场域缺少相应的限制机制也是网络暴力出现的原因之一,简而言之,数字媒介的空间过于易得和自由了。

第二,数字媒介有自身传播效果的局限。从传播范围上看,因为数字媒介依赖于互联网,特别是移动互联网,因而在缺少网络接入的地区,数字媒介传播显得十分无力。虽然现如今各国家主要城市都有移动互联网接入,但是一方面接入的范围和质量在欠发达地区并不理想;另一方面数字媒介的使用也依赖顺畅接入网络的各种移动设备,这两方面都限制了数字媒介传播范围的扩展。当然,即使在那些不能很好使用数字媒介的地区,数字媒介也是社会发展的潮流,被视为一种"先进"的事物。但数字媒介传播却不得不"降级",成为少部分人与世界互联网互通之后,再通过传统媒介传播信息的工具。

从传播内容上看,数字媒介传播偏向生活化的、娱乐性的、快餐式的信息。在数字媒介诞生以前,人们是难以很好地利用碎片化时间的,但这一情况如今大为不同。人们可以利用数字媒介填满各种碎片时间,只要掏出手机、打开数字媒介 APP 连接互联网就能即时获取世界上几乎一切最新消息。这种信息获取方式的改变,极大地影响了传播本质。一方面信息传播的中间环节被极大地压缩和省略，使新媒体能够以最快的速度传播信息。但另一方面，大量的信息虽然"填充"了人们的零碎时间，但信息获取所得到的收益、价值却并没有显著提高，某种程度上快餐式的传播不过是在帮助人们消磨时间罢了。此外，国际大事、社会要闻通过数字媒介传播的效果并没有显示出较于旧媒介的优势，虽然可以通过随时在线的数字媒介随时随地获取最新的信息动态，但人们使用数字媒介时的心理期待仍然集中于朋友圈动态、娱乐新闻等个体化特征显著的方向。至于将数字媒介当作阅读新闻的工具，其本质与旧媒介传播并无不同，只不过是旧媒介在互联网平台上的展开，其传播特征仍然与旧媒介传播基本一致。

第三，基于虚拟空间的数字媒介传播具有一定的虚幻性。由于数字媒介传播并不依赖于专业化的制作，因此在降低传播门槛使其迅速平民化的同时，也不可避免地失去了传播"专业化"本身的一些保障甚至底线。突出的表现在，未经证实的消息、不负责的发言的数量大大超过了旧媒介传播的数量，甚至突破了真实性的底线而出现大量的假消息、谣言。这严重地损害了数字媒介传播的良性运转，威胁到了传播的生命。如今的人们在数字媒介上获取信息，往往不带有阅读旧媒介专业媒体信息时的那种信任感。对非专业人士的言论人们当然并不轻易相信，然而即使是专业人士的言论，因为数字媒介所提供的"抽象平等"效应和"参与式"的习惯，人们往往也认为自己可以以相等的发言权参与其中，凭借自己的经验与专业人士进行切磋和讨论。在多数时候，这显然是荒诞的。由此造成客观的权威性很难在数字媒介上得到确立，反而被主观的权威性压制了。人们通常只认可自己本来就倾向于相信的信息，而十分容易屏蔽、拒斥与自己不合拍的观点，这就严重削弱了权威的客观性，使得"主观相合"成为权威成立的必要条件。这一现象在旧媒介上是没有的。

归根到底，不论虚拟空间对传播产生了多么大的改变和影响，也不能脱离传播所带有的意识形态性：人们通过媒介所表达的内容，始终是人们对于现实生活的态度、看法和感受，而后者的形成总是基于一定的、作为条件的价值观念系统即意识形态。

第二节　口语化影响下的意识形态传播

受到数字媒介传播的几个重要特性影响，数字媒介条件下的意识形态传播也产生了某些重要的变化。下面我们将通过具体阐述这些变化来展现数字媒介与意识形态的深层关联。

一、口语化的意识形态性：公开化、感性化

首先，意识形态竞争在数字媒介时代变得日益公开化了。

因为数字媒介的开放性，使得数字媒介场域中的意识形态传播具有了一个前所未有的特点：意识形态竞争成为全球性的竞争，数字媒介成为不同意识形态斗争的新"战场"。在旧媒介时代，资本主义意识形态想要在全球媒介上得到广泛的传播几乎是不可能的，国家宣传部门牢牢掌控着旧媒介这个向受众传播意识形态的出口。但进入数字媒介时代，情况发生了根本性的变革。如今想要在世界上任何一个国家迅速获取具有西方意识形态特色的内容都是轻而易举的。不但有YouTube、Facebook、Twitter等媒介提供开放的访问，而且美国就公开地主张意识形态输出和渗透。早在1996年，著名学者约瑟夫·奈（Joseph Nye）和威廉·欧文斯（Willian Owens）就在《外交》杂志撰文，对于美国在信息时代所拥有的政治和技术优势"使美国得以立即利用其强大的'软力量'手段，发挥它的理想、意识形态、文化和经

济模式及社会政治制度的吸引力。"①而希拉里（Hilarie）于2010年1月在美国新闻博物馆发表演讲时，更是以官方的立场宣称："公开的形式与不受国家主权约束的信息自由流动，是值得大力倡导的价值观"，美国政府将"利用信息技术的力量来促进互联网自由和美国外交目标的实现"②。比如2010年初的"阿拉伯之春"就是一次蓄意的、通过数字媒介煽动对政府的不满进而制造对抗，以帮助推动当地社会制度的资本主义化。

美国作为当今世界上唯一的霸权国家，十分注重利用科技优势来维持、加强其话语霸权。它所使用的一个重要旗号就是"网络自由"。所谓网络自由，按照美国的定义就是官方有责任提供自由的、不加限的因特网接入，以使公民可以通过网络实现言论自由等基本人权。但实质上，网络自由的深层内涵包含对现代国家主权的侵犯。与美国实行霸权时主张"人权高于主权"类似，网络自由往往成为干涉别国内政、实行霸权这一实际目的的"外衣"。这就是网络自由亦即数字媒介之开放性的意识形态本质。

当然，这并非说数字媒介话语的开放性是假象、纯粹为意识形态输出服务，而是说开放网络、开放媒介并非完全是"技术中立"的，它本身的建立和运行都与意识形态传播活动相关。其结果就是，数字媒介对某些意识形态或价值观具有更为接近的"天然血缘"。以开放性为例，数字媒介传播奖励活跃、分享等品格，因而更符合年轻人的性格特点，同时也塑造年轻人的媒介使用习惯，培养他们活跃互动、乐于分享的品格。在数字媒介传播中，性格外向、强调个性展示的人群更容易获得参与感，成为主角，这实际上与中国传统理想人格的谦虚、礼让、恭敬等价值观有相左之处。难以想象人们可以在数字媒介上相

---

① 约瑟夫·奈，威廉·欧文斯：《美国的信息优势》，《参考资料》，1996年第4期。
② 余丽：《美国互联网战略对我国的严峻挑战及其对策》，《红旗文稿》，2012年第7期。

互谦让、频繁地使用敬语，相反，数字媒介几乎是为现代商业社会的经济交往订制的，其议事规则更为接近商业往来，直接、明了并有一定对抗性。

数字媒介传播的开放性、全球性无疑加剧了不同意识形态之间的对抗，特别是如今的"全球化"，其实质包含通过资本主义意识形态为资本增殖、扩张和剥削打掩护的一面，这就是意识形态所反映的权力斗争关系。本来，世界几大文明作为意识形态本身并不是相对立、相矛盾的，不同的文明、宗教对世界和现实有不同的解释和理解却并不相互否定。只有当意识形态作为实现压迫和权力关系的手段的时候，它才是虚假的东西。今天世界上的每个非西方民族都必须面对资本主义意识形态的渗透和文化"侵略"，因而清醒地意识到数字媒介使得意识形态传播具有了"超越主权"的开发性，对于积极寻找策略应对意识形态挑战是极为重要的。

其次，意识形态传播在数字媒介条件下日趋凸显其感性化传播的特点。

数字媒介的口语化特性对意识形态传播产生了巨大的影响，而这种影响基于"微博体""微信体"等新的文学艺术类型的产生。在旧媒介上，书刊报纸偏向于文字化的信息，广播电视和影视作品能够提供更丰富的感性体验，但他们无法相互替代或包含。对于意识形态传播来说，文字化的信息不如影视文学作品的感染力强。比如美国意识形态宣传最主要的通道就是"好莱坞大片"，美国意识形态中的"个体主义""权利观念""英雄主义"等观念通过几十年的大片输出，已经潜移默化地在世界主要国家的年轻一代中形成了明显的影响，很好地服务于美国的全球霸权战略。但作为旧媒介意识形态输出和渗透的工具，影视作品这种形式成本较高，而且久而久之人们对其意识形态的虚假性也有了一定认识和免疫力。文字化的媒介虽然成本较低，但较难以渗透，效果也并不显著。但数字媒介的出现改变了这一现象，因为数字媒介上通行的信息是文字型的，同时又是感性化的，这就是"微博体""微信体"，它们具有较强感染力又容易生产、易于传播。

以 Twitter 和微博为例，发布内容的字数上限为 140 字（包括标点），这就从技术和形式上限制了内容的抽象性和书面化，引导、"倒逼"文字内容导向口语化和情景化，这也是微博与博客的根本区别。在博客上，人们仍然习惯于书面书写，因而不过是把旧媒介搬上互联网而已。但微博则根本不同，典型的微博书写具有明显的口语化特点，要想在短短的 140 字之内生产有效的内容，必须用言简意赅的用词来表达。最优秀的微博或许可以有两类：一类是高度凝练的用语，比如台湾学者李敖的微博，每一条都字字玑珠、言有尽而意无穷，但这要求很高的文学造诣。另一类是通过口语化表达表现出极富感染力的内容，与上一类精美的文艺作品不同，在此类微博中我们往往看不到专业的用语、精确的描述，但我们往往能立即体会到极强的情绪在其中，这种情绪通过文字流露、喷薄出来，在感性的层面深刻地感染了读者。含有价值观引导和意识形态说服的内容以"微博体""微信体"表达出来，突破了以往理论化的意识形态工作的局限，更为强调同在感性的层面打动和说服人。

二、受众的主导：意识形态传播的双向化和平民化

口语与书面语不同，后者可以是无对象的或者面对抽象的读者，但口语不同——它一定是面对对象的，甚至可以说因为有了对象才产生。这在西方哲学中称为"对象性的活动"，即没有对象就不能成立的活动。口语就是一种对象性活动，按照西方哲学的看法，对象性活动是人的根本的存在方式。因此"口语"对对象的要求是最符合交流和

传播活动本性的。这决定了口语化条件下的数字媒介意识形态传播很大程度上由受众来主导，传播便成为双向化的、交互性的。这是一种颠覆。

数字媒介传播的颠覆性表现在，数字媒介的交互性使得意识形态不再是自上而下的灌输，而是成为双向互动的思想交往活动。一般来说，当一个社会中存在多种意识形态的竞争时，意识形态宣传工作往往竭尽全力去争取人们的认可，包括尽可能对现实做出合理解释，构建社会未来走向的预期等。这时的意识形态最活跃、最积极，与它的受众最具交互性。而当一种意识形态成为占据统治地位的意识形态的时候，一方面说明它对现实的解释力和规范力都达到了顶点；另一方面往往也是它的活力下降的开始，特别是它与受众的交互性下降的开始。这是意识形态自我发展的一般规律。以汉代大一统儒家这种意识形态为例，当董仲舒得到汉武帝的认可，推行"罢黜百家、独尊儒术"主张的时候，儒家意识形态在第一期走向了顶点，而这种意识形态也帮助中国传统社会奠定了之后接近2000年的社会制度基础——文官治国，以忠孝取仕等。但随着此种占据统治地位的意识形态渐渐暴露出其弊端，唐之后天下趋乱，同一时期传入中国的佛教严重动摇了古典儒家的意识形态地位。此时，宋明新儒家吸收佛教的思想，重新阐发古典儒家使之推陈出新，重新形成具有解释力、规范力的新儒家意识形态，又重新成为官方认可的具有统治地位的意识形态。意识形态的竞争、更替和自我发展，在前现代社会往往经历一个较长的历史时期。

但情形在今天似乎略有不同，如果说以往的意识形态竞争更多的是不同精英群体争取官方权威的认可，那么今天的意识形态竞争则具有两个鲜明的特点。第一，竞争的时间性和空间性都大大突破了以往的范畴。从空间上看，今天的意识形态竞争是全球化的，以往因为地理屏障区隔开来的不同文明，因为资本主义主导的全球化运动，已经频繁地交流起来，特别是散布在全球的超级都市中，不同的意识形态直接走到了一起甚至碰撞在一起。美国学者亨廷顿（Huntinton）曾以"文明的冲突"来形容今天的全球化时代。当然，更为重要的则是全球化的引导者是资本主义意识形态，所以今天的意识形态竞争的重要本质是资本主义意识形态对其他意识形态的渗透、"进攻"。从时间上看，依托数字媒介技术，意识形态斗争可以随时随地在互联网空间中呈现。因为互联网是"不设防"的，各个主权国家几乎无力阻止资本主义意识形态在网络上的渗透和宣传工作，如果说拒斥好莱坞大片等美国意识形态是存在可能的，那么在网络上阻止资本主义意识形态的传播几乎是不可能的。伴随着跨国大公司成为某种"超越主权国家"的存在，依托于互联网技术的数字媒介传播也轻松地超越了主权国家的意识形态限制。由此导致的一个重要结果就是，意识形态竞争无时无刻不在进行之中。第二，意识形态的生产和发展不再由精英群体垄断，而是由社会大众深度参与，并在某种程度上决定着意识形态以何种样态存在。因为互联网和数字媒介的交互性，以往那种自上而下、由精英进行"说教"的意识形态工作已经难以奏效。即便一种意识形态在当地占据统治地位，但因为数字媒介的开放性所带来的随时的、全面的全球竞争，意识形态传播是否能够在数字媒介空间里争取人们的认可、成为人们自觉的意识，往往只能由人们在数字媒介传播中的相互交往来决定。

  以此为基础，意识形态的传播不再是精英向民众的"教化"，而是成为民众的自我教化，民众成为意识形态活动的主角，即深刻地"平民化"了。

  因为数字媒介传播的平面化、平民化特性，数字媒介时代的意识形态内在地提出了迄今为止最"平民"的要求，如果说在以往的意识形态宣传中平民只是信息和价值观的接受者，那么在新媒体时代则是普通民众的力量在重塑意识形态，决定什么样的意识形态可以存活。

与之相关的有两个思想背景，第一是近代以来由西方的启蒙运动所开启的世俗化进程，主张划清宗教与世俗的界限，把世俗生活的主导权还给民众。这一运动当然与资本主义的发展相关，后者需要的是神权的退出和资本权力的实现，带来的是消费主义。但不可否认，这是对个体平民权利的极大解放，也是个体自由的极大拓展。作为整个现代化历史进程的基本精神，平民化、世俗化和个体化的价值观成为占据主导地位的意识形态。而这一主导地位的获取和维持，则是通过平民自发的争取和捍卫获得的。数字媒介平台最能表现这一现象，因为数字媒介传播整个过程是由普通民众来决定的。此前我们已经讨论过，数字媒介技术是平面化的垂直交互，没有人能够在源头上控制信息的生产和传播，所有内容的生产、传播和消费，都由普通用户而非社会精英来决定。如果说部分专业内容的生产与旧媒介没有什么区别的话，那么专业内容想要得到传播却与以往由媒介"分发"主导不同。在数字媒介传播中，由普通用户主导的内容再生产对于传播来说是决定性的。一份源内容可以是制作精良的产品，但不见得能在数字媒介上激起用户的反响，或许它在旧媒介上正获得广泛的传播；相反，一份源内容或许仍显粗糙，根本无法登上旧媒介的平台，但却可以在数字媒介上获得巨量的、旧媒介无法想象的关注，获得良好的传播效果。其间的区别就在于，数字媒介的传播活动是由普通民众来决定的。

一个"口语接受"的例子是，特朗普与希拉里得到的媒介待遇是十分不同的。按照旧媒介的"民意调查"、公开报道，希拉里要好于特朗普非常多，特朗普的旧媒介形象是十分糟糕的——粗鲁、暴富、没经验和易变，希拉里则得到了旧媒介一致的肯定——精英、优雅、有经验和负责任。这样的形象正是由他们各自的"话语"方式所塑造起来的。按照旧媒介所代表的价值观，特朗普没有任何理由击败希拉里。但最终的结果却是特朗普以明显优势获胜。那么原因何在呢？如果说媒体宣传对于竞选的助力是十分明显的,[①]特别是希拉里所花费的宣传基金远多于特朗普,[②]那么一定是旧媒介的作用显著下降而数字媒介上特朗普的形象和影响力大大超过了希拉里。但希拉里费尽心思和金钱打造的形象,同样是符合美国价值观的,为什么没有在数字媒介上取得成功呢?这与意识形态传播的平民化趋向关系巨大。

相较于希拉里,特朗普的数字媒介话语把他塑造为更具平民性和个性的形象,更像是一个与普通民众有许多相同点的身边人。他的发言没有官腔和专业词汇,更加的口语化,他对自己执政理念的解释更容易让普通民众印象深刻。相比希拉里花费了大量资金在旧媒介上营造自己的形象,却没能让自己的执政理念"Stronger Together"真正深入人心,特朗普只借助数字媒介就让民众更加认同他的"Make America Great Again"。最终的投票结果显示,更多的美国白人支持特朗普,主流的美国社会或许并没有倾向于相信特朗普,但他们无疑更为怀疑希拉里执政下的美国。而更为吊诡的是,尽管特朗普常常对少数族裔出言不逊,但他获得的少数族裔选票也多于希拉里,这才导致了他的"完胜"。或许这是最近若干届的美国总统选举中,唯一一次宣传没有被"金元"所决定的。由此可见,在数字媒介时代,传统的意识形态宣传已经渐渐失去效力,其根本原因就在于未能领会今天的数字媒介时代是一个真正属于平民的时代,如果意识形态工作脱离了平民的认可就注定会失败。

在此,就涉及时代精神面貌的第二个重要特征,即"宏大叙事"的衰亡,旧意识形态的全面衰微,以及虚无主义凸显。许多思想家都曾指出,今天的时代相较古典时代的一个重要特征就是"宏大叙事"的消亡。那些从抽象的超越存在开始讲述的所有宏大的东西都失去了

---

① 根据相关报道,美国总统竞选的资金主要都使用在了竞选宣传上。
② 希拉里的竞选资金为特朗普的 2 倍还多,参见 http://news.ifeng.com。

对思想的统治力和吸引力。后现代主义浪潮从艺术领域发端开来,冲击了近代以来所确立的启蒙理性传统,使得西方文化陷入深刻的危机当中。今天的人们,不再公开地谈论世界精神是什么,世界应当如何规划和建设,如何朝向一个一元的目标前进,所有这一切都显示出其相当的虚假性。究其原因,是因为旧意识形态的价值观念和理想状况已经不能很好地解释和规范现实生活。人们被迫陷入细小的、个体化的生存"碎片状态"中。现代人生活的典型画面就是,日复一日地重复着程式化的工作,从事爱好和艺术创作的时间被高强度的资本劳动所挤压,不能追问生存的意义,陷入"娱乐至死"的消费主义困境中。这标志着旧意识形态的全面衰落,被意识形态建构起来的世界的"整体性"崩塌,人们的生活重新落入个体化的境遇中去。时代呼唤着新的价值理想的出现,这已经绝不可能由旧的意识形态来完成了,只能是从人们的自发创造中产生,也就是我们中国人讲的"人民群众的首创精神"。人民群众无疑是近代以来最为平民化的一个群体,它与公民不同,不是侧重于强调有产个体受到国家权力保护的基本权利,[①]而是强调作为团结起来的人民应当是社会、国家的主体。新的意识形态一定来自新时代的人们的实践创造,数字媒介与之是完全相匹配的。正是基于此点,有理由相信在中国的土地上更有可能重建新时代的意识形态。而数字媒介传播的平民化特性与我国的人民实践具有更大的相通性,因此数字媒介传播在我国的勃兴并不是一个偶然现象,而是这种平民性的体现,同时也是对中国实践的一种证明。

---

① "公民"一开始当然是指有产的个体,其典型口号如"无代表,不纳税"即是强调公民向国家交税应当与其政治权利相匹配。晚至"二战"之后的福利资本主义社会,公民权利才拓展到更为广泛的普罗大众,但即使这样也并非意味着人生而有公民身份,比如欧美国家如今出现的"难民潮"问题的焦点就在于,按照公民理念,即使非法移民也应当有公民身份,但实际上发达国家不愿意承担这部分责任。此时,"公民"概念的意识形态性就表露无遗,它不过是对现实的某种有限解释以及有意遮蔽。

三、意识形态传播效果的局限：失控、偏向、粉饰

与数字媒介传播本身存在某些固有局限相应，虽然依托数字媒介传播展开意识形态创造和宣传是时代的潮流和世界的未来，但数字媒介传播也在一定程度上构成了意识形态构建的某些不利因素。

第一，不同的意识形态的斗争和对立，在数字媒介空间中往往被放大了。对同一事件持不同见解的人们，常常因为对事件本身的看法有分歧而相互攻击，攻击则往往超出了事件本身而上升为意识形态的对抗。比如"五毛"与"美分""带路党""白左"等称呼具有很强的攻击性，却无助于理性的讨论和事实的澄清。这对于意识形态工作也是十分不利的，因为归根到底意识形态的解释力和规范力只能通过以情动人、以理服人、情理结合的形式来确立。任何带有暴力性质的因素对于意识形态都是破坏性的。而数字媒介因为其虚拟性和抽象平等性，突出地造成了旧媒介所没有的"语言网络暴力"问题，这对意识形态宣传构成了负面的效果。因此，如何防止"语言网络暴力"问题对于意识形态建设来说是不得不重视的问题。归根到底，虽然新时代意识形态的构建依赖于大众，但大众的成长也依赖于意识形态的有效规范和引导，整治"语言网络暴力"问题一方面就是民众的自我教育问题；另一方面也是数字媒介时代意识形态工作必须面对的挑战。

第二，传播效力的客观局限对意识形态传播的影响。在移动互联网覆盖不佳的地区，数字媒介传播的有效性大为降低，它所承载的意识形态传播效果无法与旧媒介相抗衡。因此，在技术还比较落后的欠发达国家和地区，仍旧是旧媒介主导着意识形态传播。不过，技术的问题在可预见的未来拥有很快解决的可能，特别是像在中国，可以不惜成本地在偏远地区建设移动互联网，这是资本主义导向的国家或地

区如香港无法比拟的。① 而真正构成限制的，还是欠发达地区人们的生活方式与数字媒介传播之间的不匹配。以我国西藏地区为例，那里的生产力水平较低，藏民又大多具有宗教信仰，因此数字媒介传播所隐含的平等、平民化和世俗化观念在他们的生活中找不到立足的土壤，通过数字媒介展开的意识形态宣传反而不如传统宣传有效。这是受到历史条件和地区生产力水平制约的数字媒介传播局限，也同时再次表明一定的意识形态总是一定的社会存在基础的反映，只有恰如其分地反映真实的社会生活才能使得意识形态深入人心。

另外，数字媒介内容的生产是有内在偏好和限定的，至少对于意识形态内容的形式是有要求和筛选的，因而新时代的意识形态宣传工作还有许多需要调整、重新学习的地方。原来的专题式报道、格式化的新闻生产，已经很难在数字媒介上获得预期的传播效果，特别是数字媒介内在的、利于碎片化的、生活化的、短小精悍的信息传播，不利于长篇大论、八股文章——人们会瞬间失去对后者的兴趣而跳到下一条有吸引力的内容上。传统媒体的意识形态工作在现阶段正处在转变之中，尽管多数都成立了新媒体部门，但能够很好地领会新旧媒介区别并抓住意识形态数字媒介传播特点的仍很少见。不过，人民群众的首创精神在此时就有了更大发挥的空间。

举例来说，2018年1月25日，青岛发往杭州的高铁列车在安徽定远站临时停车后2号车厢发生火灾，这是温州动车相撞事故以来最大的高速列车故障。通过朋友圈和微博的广泛传播，事件迅速在网络上发酵，引起了广泛的关注。而官方媒体的"话术"则一如从前，试图淡化事件影响，称"故障原因正在调查中"。当然，出具正式的官方声明需要一定的时间来查明情况，但这样保守的回应方式造成了民众

---

① 以香港地区为例，作为经历"亚洲四小龙"时代成长起来的发达地区，它的部分山区至今仍旧没有很好地接入互联网，而香港不过是个1100平方千米的"小"地方。

对政府公信力的某种不信任。类似的情况对于官方权威总是构成一种两难的局面。但此次的事件有所不同，微博"共青团中央"在政府部门的正式通报面世之前，就先期展开了宣传工作。26日下午5时左右，距离事发刚刚过去1天多时间，"共青团中央"微博就以"你放心，你不会死的。因为我会死在你前面！"为题转发了一位知乎答主[①]亲历此次事件写下的回忆，迅速引起了热议，成功将话题导向对人间温情、列车员临危不惧的职业精神的讨论，可谓一起典型的、成功的意识形态宣传案例。案例之中值得注意的要点有两个。第一，原知乎答主作为事件亲历者对事件的回忆，从常识（亦即意识形态）来判断具有基本的可信性，至少是难以怀疑的。而他的记述除了对事件的客观描述之外，还包含着认同危机处理的专业性、感动人间温情的价值观念，亦即在今天的中国很有市场的个体"关爱"的意识形态。这可以说是一个巧合，正好与官方意识形态相合，可以直接作为最佳的宣传材料；但也可以说是共青团中央敏锐地发现了可以为官方服务的某种流行意识形态，其实此次宣传是共青团中央的微博与知乎问答的专题互动活动"团团知乎"的一部分。第二，原知乎答主的记述并没有题目，也并非成型的、带有主题自觉提炼的新闻报道，题目及其价值观提炼为共青团中央所加，是有意识地将有效材料中的意识形态内容加以提炼，通过数字媒介"再加工"生产有效内容的过程，而这正是数字媒介传播的精髓。

第三，意识形态是对社会实践和现实的解释与规范，而数字媒介传播的虚拟性在一定程度上放大了意识形态的虚幻性。意识形态是有效的还是虚幻的，取决于它能否合理地解释现实、为人类活动指引方向。从根本上说，对现实的解释总是无法代替现实，认识的有限性决定了人们在看到、认清一部分现实的同时总是无法避免忽略、漠视另

[①] 知乎是中国知名的问答分享网站，"答主"就是对提问做出回答的人。

一部分现实,因而有时对现实的解释取决于认识者所拥有的眼界,而眼界往往又由认识者所处的现实处境和地位决定的。对于同一个事件,不同眼界和处境的人的所思所言往往不同甚至相反。比如对于苦难,今天处于统治地位的阶层往往希望淡化、美化过往,以利于今天的"歌舞升平",以 2017 年引起巨大反响的美国电影《敦刻尔克》为例,影片本身没有采取对战争的残酷和灭亡的危险进行正面描述的视角,而是采取了个人的视角,从个人抉择、相互搀扶的温情一面来描述战争。但客观的历史却比影片的描述残酷得多,当时的盟军正在一朝覆灭的危亡之际。如果我们接受这种历史解读的视角,那么对于日本侵华战争又可以做何种解读呢?毫无疑问,日本右翼的侵华历史观正是片面地强调历史中这些披着善意外观的恶意,通过"共生""东亚共荣"等意识形态谎言来掩盖、美化那些残酷至极的行为,这是"语言"之罪!

数字媒介传播因为基于虚拟空间,更容易与现实、现实的见证人产生较远的距离,因而在某种程度上更容易出现各种有悖历史、曲解现实甚至有违常识的信息。比如,2018 年 1 月 5 日发生在合肥高铁站的"女子扒门拦高铁等老公"事件中,虽然舆论(旧媒介)一致批评女子的行为不守规则、危害公共安全,但数字媒介上也出现了不少为女子鸣不平的声音,他们声讨证据视频没有给孩子打码,对责任人的处理使用了真实姓名,甚至对于事件责任也认为并不是单方面的,可谓试图用"细节的真实代替历史的真实"。这样的声音不见得都是有意的,但一方面显示出他们所认可的意识形态当中并没有公共权利的位置,有的只是个人权利,或者说公共道德只是维护个人权利的工具。另外一方面,他们以此眼界为当事人辩护,其实就是在为自己的类似行为或将来可能发生的类似行为辩护。因而,"个人权利"这种资产阶级意识形态当中所蕴含的对现实的歪曲和遮蔽就明显地暴露了出来。而现实是,此种意识形态的虚假性表现数字媒介上是十分常见的。

第三节　常用数字媒介的意识形态表现

依托数字媒介话语的口语化特征形成的意识形态特性相较于传统媒介是十分不同的。对于后者来说，国家意志已经有效地把控了传统媒介里的意识形态传播，政府或者商业机构通过审查和"市场淘汰"做到了只让符合主流意识形态的内容在主流旧媒介上得到有效传播。违背主流意识形态的内容往往被隔离在大众传播之外。因此，传统媒介服务于意识形态的工具性十分明显，主流意识形态已经有效地统合了传统媒介。但情况在新媒体传播中却有所不同，新媒体技术的"革命"引发了传播机制的"革命"，传播不再是单向的生产和消费，而是每个人都可以成为传播的起点、信息源，通过"点对点"的传播成为信息节点和接受者，传播发生在一个去中心化的信息网络中，这就是"自媒体"与传统媒体的根本不同。基础性与开放性造就了数字媒介传播的蓬勃活力。在开放式的点对点网络里，个人作为"自媒体"在"数字媒介"上发布含有个人意识形态认同的内容成为"0技术门槛"和"0时间等待"的活动。

在西方社会占据主流的是新自由主义（Neoliberalism）意识形态，新自由主义话语如何与数字媒介的口语化相互作用？中华民族传统价值观又如何与我国的数字媒介话语口语化互动？这就是本节要讨论的问题。

一、Twitter 中的西方意识形态

"新自由主义"是西方主流的意识形态，其核心价值包括"个人自由"的至上性，"私有财产"和"私有制"的神圣性，"代议制民主"的优越性等。意识形态塑造话语禁忌，以上三点是公共舆论空间里不

可挑战的绝对正确性，相关讨论绝不允许跃出新自由主义划定的红线。它们构成了公共话语领域的"政治正确"，敢于冒犯者无一不会成为攻击对象和受惩罚者。这正是典型的"意识形态"现象的虚幻本质，即社会存在与社会意识关系的颠倒：反映社会存在即人们实际的生活方式的社会意识（话语），反过来约束人们的言行（社会存在），使他们不能挑战当前的社会存在基础。

下面我们通过实例来证明以上的观察，样本则选取美国的数字媒介传播，理由是作为数字媒介技术手段如Facebook、Twitter的诞生地，美国的数字媒介传播自然具有典型意义，而作为新自由主义意识形态的起源地和大本营，美国的数字媒介意识形态表现同样具有典型性。

新自由主义思潮起源于20世纪80年代的美国，一如"全球化"首先是经济的全球化，它是发生在经济理论领域的"范式革命"，替代了主张政府干预市场和扩大赤字刺激经济的"凯恩斯主义"，改为主张市场决定、自由贸易、放松管制和财政紧缩。因为继承了肇始于英国的古典自由主义经济学对自由市场的信奉，因而被称为"新自由主义"。新自由主义提出的历史背景是"冷战"，因为显著地提升了美国资本进入其他国家和地区、扩张经济霸权、推行资本主义生产生活方式的能力，从而帮助美国在"美苏争霸"中夺取了有利地位。90年代初东欧剧变，新自由主义的合法性就变得不可置疑了。此后，新自由主义的理论迅速席卷了全球，成为经济领域的统治性理论。与之相伴的，则是新自由主义意识形态不断上升为全球性的统治性意识形态。

必须指出的是，其统治地位的取得是一个历史过程的结果，而不是从来如此、天然如此的。当美苏争霸还看不到结果的时候，美国人曾惊叹于苏联模式对于其国力的急剧提升，甚至对此感到害怕，有人高呼要向苏联学习；但当苏联解体、东欧剧变发生之后，所有反对新自由主义的声音就变得备受鄙夷,天然的"不合法"了。这就是"新自由主义"意识形态的魅化本质——掩盖事物客观的发展历史过程。贸易自由、市场决定、管制放松和国有部门的私有化,成为其后几十年至今经济领域的"经济正确",相伴发生的是历史上的第四波资本全球化浪潮。

与此同时,与新自由主义生产方式相匹配的价值观念和话语体系在全球化进程中通过经济活动输出到全球,这就是新自由主义意识形态的传播。经济上的"自由化"是经济领域的统治理论,由之带来的统治地位是全面性的:政治领域的新自由主义主张个人自由至上、人权高于主权和代议制民主的唯一正确性以配合;社会规范和伦理领域里,个体自由的绝对化、享乐主义、个人英雄主义相应地取代了传统伦理的崇尚集体、节制、节俭和为集体奉献等精神。这就是美国精神生活面貌如今的主要特征和现状。

以此为基础,西方数字媒介话语的意识形态主基调是自由主义的:个人自由和人权的至高无上性制造了具有美国特色的"政治正确",凡是触犯了其中任何一条的,都会立即成为舆论口诛笔伐的对象和道德伦理方面的"居下流者",包括种族歧视、性别歧视等。一旦人们特别是公众人物在公开场合发表了具有如上色彩或嫌疑的言论,他们立即就会成为舆论媒体口诛笔伐的对象,陷入巨大的争议漩涡之中甚至身败名裂。多数当事人不得不公开道歉或者做出一系列的解释,同时不论他们之前的态度和内心的真实想法是什么,他们接下来的任何表态都会"回到"政治正确的立场上。

一个简单的口语词就可以引发一场规模庞大的社会运动。以"性别歧视"为例,2017年底依赖逐渐发酵的"好莱坞制片人性丑闻"事件,最终导向了一场席卷全球的"Me Too"运动。受到性别歧视和骚扰的人们,在社交媒体上自发地聚集起来,通过发表带有"Me Too"

标签的信息来公开控诉自己的不平遭遇。这场运动声势浩大、影响广泛，凡是受到运动揭发的"施害者"无不受到舆论的一致谴责并接受实际的惩罚，往往就是被解雇和实际利益的损失。此次反歧视运动的迅速扩大，除了问题本身积攒已久之外，与发起者选取的口号"Me Too"具有极强的号召力和传播性关系密切。可以设想，如果不是如此的简短有力、富有煽动力的口语词，而是某个专业名词——恐怕传播效果和意识形态震动难以达到如今的效果。

"种族歧视"的例子可以参考美国前总统特朗普在2018年1月陷入的"粪坑国家"争议。据媒体报道，特朗普在2018年1月11日召集国会议员开会听取移民政策改革进程报告期间，当听到新政策下非洲移民仍可申请签证抽签[①]时，出言道："我们为什么要这么多'粪坑国家'的移民？"（Why are we having all these people from shithole countries come here?）[②] 此事一经媒体报道，随即掀起轩然大波。各方面的公众人物都发表言论公开谴责特朗普的种族歧视。就如所有违背了"政治正确"的言论所受到的标准对待一样，特朗普立即被称为"种族主义者"。当然，特朗普不接受这种"上纲上线"式的批判，他对随行记者说："你采访过的最不种族主义的人，就是我。"[③] 随着事件的不断发酵，面对越来越多的批评，特朗普甚至表示这种新闻是民主党炮制出来陷害他用的，"我从来没有用过那个词，那是民主党编出来的故事。"[④] 毫无疑问，此次事件之所以产生如此大的轰动显然与口语词"粪坑"关系密切，假如是保守的奥巴马来表达同样的意思他绝不会使用这种"非专业"的词汇——当然，那也不会引起任何的轰动效应和意

---

① "签证抽签"制度是美国移民政策的一个核心部分，每年申请"绿卡"的人们通过抽签来确定进入签证审查的人选。
② 详见华盛顿邮报（*The Washington Post*）的报道：https://www.washingtonpost.com.
③ https://www.politico.com.
④ http://news.china.com.

识形态争论。

参加会议的民主党参议员德宾（Durbin）证实了特朗普的粗鲁用语，他说："特朗普评论时说的话，满是仇恨、粗鲁而种族主义。"他对记者证实，"评论的话你们在媒体上见到了，没有一个报道有失真实"。① 既然如此，特朗普的回应就清晰地表明了一点：即使他真实地那样想、那样说以及准备那样对待部分人群的移民事宜，他也不得不向"政治正确"低头，称自己是站在"正确"一面上的。这就是统治性的意识形态的力量，即使是最不愿服从它的人、最有权势的人也不能违背它。但另一方面，只有富有力量的口语词能够挑战意识形态，特朗普就是如此做的（虽然他未必是有意识的）。这种力量毫无疑问并不是观念的力量，没有一个观念能够真正地左右特朗普，这种力量一定是真实人群的真实行动所具有的力量。

二、微博、微信中的传统价值观

传统文化价值观是中华民族自古以来形成的民族精神和文化内核。传统文化与数字媒介话语的关系是十分有趣的，因为前者在意识形态领域的地位十分脆弱，后者提供的新空间激活了前者；② 另一方面，前者的迅速口语化又贴合了后者的发展需要，促进了后者的壮大。

传统价值观在数字媒介传播中具有很高的活跃度。本节我们以微信作为例子讨论，因为微信具有更多的私人性和小圈子性质。微博与微信作为数字媒介的细微区别是由他们的技术特征决定的，微博用户的相互关系是完全开放的，他们之间的信息互访和互通没有任何的门槛，我们可以阅读、关注任一其他微博博主的所有微博内容，博主也

---

① https://www.politico.com.
② 可以看到，微博、微信上的传统文化传播十分活跃，特别是对照旧媒介情形而言。

向所有的网络用户开放自身。但微信则有所不同，微信关系的建立需要以双方的"交友意向"为基础，这类似于现实生活中的交友过程，必须以实际的感性关联为承载。故而微信好友之间的互动具有更高的私人性，微信朋友圈的信息可见性以好友关系为条件，因此相较而言人们更愿意将最接近自己内心真实的信息和内容发表在微信之中。微信群就类似于生活里的"朋友消息圈"，人们往往愿意把自己所欣赏、认为有价值的内容在第一时间分享到微信群之中，并与群中的好友相互讨论、亲密互动。

从经验观察出发不难发现，在朋友圈和微信群的分享信息中，宣扬传统价值观的内容拥有重要的份额。特别是宣扬孝道、传统美德和古代文明成就的内容，时常获得广泛的转发和关注。这一现象集中地出现在中老年微信用户的转发行为中，一方面是因为他们更多地在生活中认可传统价值观，但另一方面，此类内容虽然往往不引起年轻一代用户的转发，但却往往能够感动他们，得到无声的认同，因而实际上也起到了意识形态宣传的效果。这就提示我们，在国人的内心深处，传统价值观实际上占据着重要的地位。

传统文化多以古汉语为载体，不论是唐诗宋词还是诸子思想，大多言简意赅、微言大义，具有较强的口语化特征。这就与数字媒介话语的口语化倾向不谋而合，从而迅速地推动了传统文化的传播，扩大了其内含意识形态的影响力。来自西方思想的经济学、社会学、政治学话语具有高度抽象化和理性化的特征，实际上十分不利于其传播，因而常常采取"段子"（即寓言小故事）的形式才能有效转化。比如，国人都熟知的一个经济学小故事是这样表达的：美国老太太和中国老太太死后在天堂见面了，美国老太太感叹说"终于还完了房贷，享受了晚年，太高兴了"，中国老太太则愁眉苦脸地说"终于攒下了买房的钱，却没享受一天，太不甘心了！"这个故事实际上是中国人的发明，是国人用来说服自己的同胞接受"按揭贷款买房"这种新兴事物的。外国人并不会这么做，他们通过理性说服同胞，认为这才是利益最大化的方式。从中我们可以看出，国人对感性的、有画面感的话语形式的偏好是根深蒂固的。这也就对应了中华传统小故事在微信上极为流行的现状。可以说，传统价值观因为汉字本身的象形特性、古汉语表达的情感化特征而具有先天的优势，有利于与数字媒介话语的结合以及意识形态作用的发挥。

随着数字媒介传播的蓬勃发展，出现了一个有趣而重要的现象，那就是传统价值观在数字媒介传播中得到的关注和传播远远多于旧媒介传播。我们从书刊报纸和电视电台中接受到的传统价值宣传，少于从数字媒介渠道获得的。一部分原因是旧媒介传播成型、定型的年代，传统价值观还没有得到社会的认同和重视，而数字媒介传播发展的当下，中华传统美德得到了认同并被热情推动；另一部分原因在于，数字媒介传播的特性激发了每个个体创作者的创作热情，而与核心价值观较多的官方性有所不同，传统价值观所体现的场景往往是民众身边的生活和小事，艺术源于生活，平民小事中所体现的传统价值观就更容易成为数字媒介传播的素材。

结　语

　　人类的传播史,是一部种族群体繁衍、社交欣欣向荣的社会发展史。人类在经历了口传文明、书写文明、电力文明的更迭后,又被技术再次推送至另一个新的彼岸。"'如其运转,则已过时。'新媒介发展之迅速,让人们无法跟上其脚步。新媒介景观迷惑了我们的双眼,它与社会、与生活、与个体如此紧密地联系在一起,如同鱼和水,你能说清:谁依赖谁?"[①] 我们发现,新媒介之"新",只能是相对意义上的新。岁月轮转,一切"新"的媒介都会被视为"旧"的媒介。这是一个全息传播的新部落时代,一个无所不包、无所不有的多样社会正在新生。在这里我们发现,口语在经年累月的媒介浪潮中跌宕起伏,而今被数字媒介技术的引擎推动,成为文化关注的焦点。如今的地球村,每时每刻都在生产着最大限度的不同意见和富有创造性的对话。这些口语化的片段,以亿万兆计的数目存在于数字媒介话语中,构建了呈现在我们面前的口语形态。马歇尔·麦克卢汉将它比作"邪恶之花",沃尔特·翁将它称为"次生口语文化",罗伯特·罗根称它为"第三种口语即数字口语",但这些认识还在继续延伸。

---

① 洛根:《理解新媒介——延伸麦克卢汉》,何道宽译,复旦大学出版社,2012,第9页。

结 语

对数字媒介话语的口语化进行研究,是有很大的现实意义和理论探讨的意义。数字媒介话语的口语化是互联网时代文化发展的重要现象,也正凸显了文化发展的倾向。对其进行研究,不只为媒介的深层研究寻求更多的视角,同时对现代文化的发展也有进一步的认识。运用与"数字媒介话语口语化"这一现象相关的传播学、语言学、文艺学等相关学科知识进行整合性研究,更是对一种后现代文化语境中的重要现象进行的创新阐释,这也为跨学科提供一种综合性文化研究的例证。同时,本书分别以媒介环境学、文学意识形态视角研究了数字媒介口语化的背景,以口头程式理论与应用语言学理论、文学意识形态理论为背景,为数字媒介口语化进行了新的理论阐释,以数字媒介与意识形态互动的新表现为背景考察了数字媒介传播的意识形态性,并总结了新特性。今日的文学活动研究已不再停留在非此即彼的方法里,媒介环境学追求文学的场域化,这就要求媒介环境衍生的文学现象的研究,需要在新的场域中用新的理论以应对。但如今泛媒化的趋势表明,一切可以称之为媒介的质料都会产生可供研究的文学现象,这都需要结合媒介条件以重新审视。今日媒介的口语化倾向,在之前的较多研究中都是只可见端倪却未听到坚定的认可声音。可见,人类在文明发展进程中,都是难以接受"返回原始"这样的字眼,智慧的头脑赋予技术的推动,时至今日却要被贴上最基本技能"口语"化的标签,确实令人唏嘘。

一、口语回归的"忧虑"论

本书研究数字媒介话语的口语化,目的在于解释口语的新发展,提醒人们因媒介技术而逐步减弱的记忆能力。其实,这是现代生活中一件极其纠结的现象。人类自书写文明以来,就在不断加强记忆力。

到今日，数字媒介新技术将一切原本可记忆的知识与经验依托终端存储起来，以此趋势看来，记忆力的削弱只会愈演愈烈；然而，数字媒介中社交媒体为应用首位，每时每刻大量的对话、零碎的口语独白填充了媒介的日常话语，人们在终端媒介交流经验、知识也是通过口语的形式，我们不断地使用那些套语、预制构件编辑媒介语言，丰富我们的"朋友圈"，而"口头程式理论"告诉我们，正是记忆力才使套语、预制构件得以生存。到这里，困惑由此产生，一边是急剧衰落的知识记忆力，一边又是迅猛增长的话语生产力，是否这就是人类被异化的走向呢？不尽然，本书认为，麦克卢汉曾经预示过那种集体无意识的前景，一切失控、非线性、非序列性都是这个时代的特征；但是回到现实，目前的媒介在人类智慧的管理下仍然井井有条，有制度有章法，一切并未失控。仔细看来，这种困惑也更像一种合理的对未来的忧虑，这并不能让我们忽视人的主观能动性。本书认为，这是一种复杂又纠结的能力，是人类本能的对语言的进化能力，我们失去了一些，又会在别处得到一些，这就是语言的平衡，而人类就是在对技术的作用与反作用中获得这种平衡。至于口语的"回归"，是本书向口传文明时期的口头遗产致敬。史诗为人类文明的发展留下了宝贵的源泉，而提到源泉我们不应该只是无动于衷，细细想来，口头程式理论在历经千年后仍然可以充当今日"次生口语文化"的试金石，更是证明了一种思路，一切的延续都是意义的传承，任何可以流传下来的文明都是经得起真金火炼的真理。当我们在解决看似章法全无的混乱现象时，或许我们可以运用那些古老的理论能量，为我们拨开迷雾，重现真相。我们永远不能轻视那些"古老"的智慧，正如怀特海所说"两千年的欧洲哲学不过是柏拉图哲学的一系列注脚"，原始智慧奠定了整个人类精神最核心的原则，因而真正的智慧总是古老而又常青。

二、儒家语言观对数字媒介口语规范的启示

构建网络命运共同体是人类命运共同体理念在数字媒介领域的延伸，它的建立有赖于健康、良性的空间秩序和话语生态系统。语言活动的规范，是社会整合与文化建构的有机成分，而数字媒介"全民狂欢，众声喧哗"的话语力量参与人际互动与社会建构。首先，口语表达是人际互动的纽带。毫无疑问，数字媒介的话语文本是一种对口语传统的向往。如今，移动传播生产着海量的文本与语音信息，逐渐兼具口语特征。以"微信"为代表的数字媒介话语文本与有声语言，就是语言符号与非语言符号的创造性结合使用，它的产生具有独特的人际互动意义；不仅再次改变了人际互动的模式，还成为人际互动的重要纽带。其次，口语是话语的实践，表达着社会结构，同时又构成着社会结构。如今，各种数字媒介话语的片段如迅猛激流改变着社会、政治、文化的各个层面；同时，话语的口语化趋势尤为突出，甚至呈现传播失控且泛滥的情形。目前，网络群体事件常常出现传播不可控的态势，因此，口语化的规范与良性传播亟待引导，口语市场的治理刻不容缓。

以孔子为代表的儒家语言观为中国的社会和文化提供了一个认识语言活动、规范语言行为的最初理论范式，其观点起到了有效的疏导作用，不仅继承了实践性的修辞意识，并重新确立了悠久的重言传统。首先是"言"之口语与儒家语言观的关联性启示。对儒家而言，口语即为"言"。"言"作为口语，体现在古人的政治实践中并作用于维系社会关系。在先秦，人们表达政治观念与诉求时倾向于谣谚和辞令等口语表达的方式；它们往往体式精炼，又恰当得体。这些口语式的箴言不仅体现出多维的思辨性，也展现出多维的语言观，如"慎言不苟、修辞立诚、希言自然、去言体道"形而下的实践性，"言与物、言与礼、

言与德、言与形行、言与志、言与意"形而上的思辨性。这些关于口语表达的语言观,为当前媒介口语现象的规范提供了理论依据以及历史支撑。其次是"慎言"对数字媒介口语规范策略的启示。2016年举办的"中国网络语言文明论坛"提出了对网络话语的规范要求:"尊重他人,不侮辱谩骂;以礼待人,不污言秽语;实事求是,不造谣诽谤。"事实上,这可以看作古人"慎言"倾向的继承。"慎言"的提出,既契合了"于言不苟"的上层追求,也指出了整个社会结构的语言倾向。言,"貌之机""身之文"等,意味着口语表达反映了个体乃至其后的民族和国家的精神风貌和文化追求。孔子的"非礼勿言",强调了口语表达与个人素养相关的认同性。同样,在媒介环境的口语表达中,语言的使用也应先合于"礼"。而此"礼"非彼"礼",当下社会人们的媒介话语更应该符合道德与情感的平衡要求。孔子认为,口语表达是君子展露情怀、与人相处、安身立世的重要方式,也要与个人的志向行为相符合。"慎言"即口语表达规范的要求,即知行合一、言行合一、知言行合一,与个体的人格系统、社会行为相统一。对口语表达的内容,孔子认为应有所限制;当然,对于口语表达的对象,应该有所审视择选;口语表达的方式也应引起重视。同时,孔子也发表了如海德格尔存在主义一般相似的看法,认为人当诗意的栖居,人的语言应当具有诗性,我们的口语表达也应受诗性语言的感染。

三、新学科的展望:口语与传播的结合

在新的媒介传播时代,口语与传播相结合的学科建立有着极强的现实意义和学术价值。事实上,数字媒介话语的口语研究应该建立在此理论的视角上分析,可实际情况,虽然口语传播学在北美传播学科中担任了重要角色并成为重要部分,但国外的口语传播学多建立在演

讲学科的基础上发展而来，不免带有口语传播修辞学科的特征和倾向。它并不是由大众传播研究领域中分化出来的，不以媒介内容为研究文本。因此，北美的口语传播学并不能作为一个完善的学科来研究数字媒介口语化问题。但今日的学术界，对媒介话语口语传播的研究正在逐渐成为热点，国内目前关于口语与传播研究的文献数量正在不断攀升。另一方面，许多其他学科如：文艺学、语言学、新闻学、社会学、公共关系学，甚至法学、伦理学、公共管理等，在媒介技术的推动下也在发生变革，它们同样需要口语传播学为其学科研究提供新的研究视角和研究方法。"新媒体环境中人们应用口语或口语化文字的传播状态高度趋同于口语传播中交流、互动、平等、分享的传播状态。有时运用大众传播的相关理论去解释、解决新媒体时代出现的新问题时会显得苍白无力。口语传播学科的建构，必将为解决网络传播带来的新问题提供新的理论、新的方法。"[①]因此，加快口语与传播相结合的学科的建立，对于完善传播研究版图、解决媒介生态问题都有十分重要的意义。

---

① 李亚铭，王群：《口语传播学：一个亟待建构的新学科》，《编辑之友》，2014年第7期。

阅读参考文献

外文部分

1. PAPACHARISSI Z.The unbearable lightness of information and the impossible gravitas of knowledge: Big Data and the makings of a digital orality[J]. *Media, Culture & Society*, 2015,37(7).
2. SOFFER O. The oral paradigm and snapchat[J]. *Social Media+ Society*, 2016,2(3).
3. SLIGO F, TILLEY E,MURRAY N,COMRIE M. Young adult literacy learners describe the text–orality nexus[J]. Text & Talk, 2015,35(1).
4. Crystal D. The language revolution[M]. Cambridge: Polity Press,2004.
5. VAN DIJK T A.Discourse, power and access[M]. London & New York Press. 1996.
6. FERNBACK J.Legends on the net: an examination of computer-mediated communication as a locus of oral culture[J]. *New Media & Society*, 2003.5(1).
7. ESCOBAR A. Welcome to cyberia: notes on the anthropology of cyberculture[M]. In Kennedy, Abingdon-on-Thames, Routledge, 2000.
8. BENNETT W L. New media power. Contesting media power.2003.
9. DOWNEY J,FENTON N. New media, counter publicity and the public sphere[J]. New Media & Society,2003, 5(2).
10. BECKETT C,MANSELL R.Crossing boundaries: New media and networked

journalism[J]. Communication, culture & critique, 2008, 1(1).

11. ANDROUTSOPOULOS J.Language change and digital media: A review of conceptions and evidence[J]. Standard Languages and Language Standards in a Changing Europe. Novus, Oslo. 2011.
12. HOMER.The Iliad, trans. W.H.D Rouse[M]. New American Library, 2015.
13. GRADINARU C. The metaphor of "voice" in computer-mediated communication[J]. Agathos, 2016, 7(2).
14. TAGLIAMONTE S A,Denis D.Linguistic ruin? LOL! Instant messaging and teen language[J]. American speech, 2008, 83(1).
15. THEALL D F.Beyond the orality/literacy dichotomy: James Joyce and the Pre-History of cyberspace[J]. Postmodern Culture, 1992, 2(3).
16. DERKS D, Bos A E, Von Grumbkow J. Emoticons in computer-mediated communication: Social motives and social context[J]. CyberPsychology & Behavior, 2008, 11(1).
17. TAGLIAMONTE S A, Denis D. Linguistic ruin? LOL! Instant messaging and teen language[J]. American speech, 2008, 83(1).
18. MULLER L. Towards an oral history of new media art[J]. Daniel Langlois Foundation. 2008.

著作部分

1. 威尔伯·施拉姆，威廉·波特. 传播学概论 [M]. 陈亮，周立方，李启，译. 北京：新华出版社，1984.
2. 瞿秋白. 瞿秋白选集文艺的自由和文学家的不自由 [M]. 北京：人民出版社，1985.
3. 保罗·利科. 解释学与人文科学 [M]. 陶远华，等，译. 石家庄：河北人民出版社，1987.
4. 陆梅林. 西方马克思主义美学文选 [M]. 桂林：漓江出版社，1988.
5. 毛泽东. 毛泽东选集（第3卷）[M]. 北京：人民出版社，1991.
6. 马尔库塞. 单向度的人 [M]. 张峰，译. 重庆：重庆出版社，1988.
7. 霍克海默，阿多诺. 启蒙的辩证法 [M]. 洪佩郁，蔺月峰，译. 重庆：重庆出版社，1988.

8. 马克思，恩格斯. 马克思恩格斯选集 [M]. 北京：人民出版社，1995.

9. 马克思，恩格斯. 马克思恩格斯选集 (第 1 卷)[M]. 北京：人民出版社，1995.

10. 马克思，恩格斯. 马克思恩格斯选集 (第 2 卷)[M]. 北京：人民出版社，1995.

11. 约瑟夫·奈，威廉·欧文斯. 美国的信息优势 [J]. 参考资料，1996.

12. 詹姆逊·F. 后现代主义与文化理论 [M]. 唐小兵，译. 北京：北京大学出版社，1997.

13. 德克霍夫. 文化肌肤：真实社会的电子克隆 [M]. 汪冰，译. 保定：河北大学出版社，1998.

14. 弗兰克·凯尔奇. 信息媒体革命 [M]. 沈泽华，译. 上海：上海译文出版社，1998.

15. 阿多诺. 美学理论 [M]. 王柯平，译. 成都：四川人民出版社，1998.

16. 郭庆光. 传播学教程 [M]. 北京：中国人民大学出版社，1999.

17. 于根元. 语言哲学对话 [M]. 北京：语文出版社，1999.

18. 马歇尔·麦克卢汉. 理解媒介：论人的延伸 [M]. 河道宽，译. 北京：商务印书馆，2000.

19. 马歇尔·麦克卢汉. 麦克卢汉精粹 [M]. 秦格龙，编. 河道宽，译. 南京：南京大学出版社，2000.

20. 约翰·迈尔斯·弗里. 口头诗学：帕里—洛德理论 [M]. 朝戈金，译. 北京：社会科学文献出版社，2000.

21. 赛佛林. 传播理论：起源、方法与应用（第四版）[M]. 郭镇之等，译. 北京：华夏出版社，2000.

22. 费瑟斯通. 消费文化与后现代主义 [M]. 刘精明，译. 南京：译林出版社，2000.

23. 费德勒. 媒介形态变化：认识新媒介 [M]. 明安香，译. 北京：华夏出版社，2000.

24. 朱姆沃尔特. 口头传承研究方法纵谈 [M]. 尹虎彬，译.《民族文学研究》，2000.

25. 田作高. 西方学者对信息时代国际政治演变的探讨. 国外社会科学前沿 [M].

上海：上海社会科学院出版社，2001.

26. 麦奎尔. 大众传播理论 [M]. 陈芸芸，译. 台北：韦伯文化事业出版社，2001.
27. 波斯特. 第二媒介时代 [M]. 范静晔，译. 南京：南京大学出版社，2001.
28. 史蒂文森. 认识媒介文化 [M]. 王文斌，译. 北京：商务印书馆，2001.
29. 马尔库塞. 审美之维 [M]. 李小兵，译. 桂林：广西师范大学出版社，2001.
30. 伊格尔顿. 审美意识形态导言 [M]. 王杰等，译. 桂林：广西师范大学出版社，2001.
31. 莱文森. 软边缘：信息革命的历史与未来 [M]. 熊澄宇，译. 北京：清华大学出版社，2002.
32. 亚里士多德. 诗学 [M]. 罗念生，译. 北京：人民文学出版社，2002.
33. 约书亚—梅罗维茨. 消失的地域：电子媒介对社会行为的影响 [M]. 肖志军，译. 北京：清华大学出版社，2002.
34. 莱文森. 思想无羁 [M]. 何道宽，译. 南京：南京大学出版社，2003.
35. 阿什德. 传播生态学 [M]. 邵志择，译. 北京：华夏出版社，2003.
36. 福柯. 知识考古学 [M]. 谢强，马月，译. 上海：三联书店，2003.
37. 话语与社会变迁 [M]. 殷晓蓉，译. 北京：华夏出版社，2003.
38. 霍克海默，阿道尔诺. 启蒙辩证法 [M]. 渠敬东，曹卫东，译. 上海：上海人民出版社，2003.
39. 荷马. 荷马史诗·奥德赛 [M]. 王焕生，译. 北京：人民文学出版社，2003.
40. 阿尔伯特·贝茨·洛德. 故事的歌手 [M]. 尹虎彬，译. 北京：中华书局，2004.
41. 麦克卢汉. 机器新娘 [M]. 何道宽，译. 北京：中国人民大学出版社，2005.
42. 霍洛克斯. 麦克卢汉与虚拟实在——后现代交锋丛书 [M]. 刘千立，译. 北京：北京大学出版社，2005.
43. 汤普森. 意识形态与现代文化 [M]. 上海：译林出版社，2005.
44. 马克思，恩格斯. 马克思恩格斯全集 [M]. 北京：人民出版社，2006.
45. 于根元. 应用语言学前沿问题 [M]. 北京：中国经济出版社，2006.
46. 麦奎尔. 大众传播理论（第四版）[M]. 崔保国，李琨，译. 北京：清华大学出版社，2006.
47. 史蒂文森. 媒介的转型——全球化、道德和伦理 [M]. 顾宜凡等，译. 北京：

北京大学出版社，2006.
48. 齐林斯基. 媒体考古学 [M]. 荣震华，译. 北京：商务印书馆，2006.
49. 弗雷德里克·S. 西伯特，西奥多·彼得森，威尔伯·施拉姆. 传媒的四种理论 [M]. 戴鑫，译. 北京：中国人民大学出版社，2007.
50. 林文刚. 媒介环境学——思想沿革与多维视野 [M]. 何道宽，译. 北京：北京大学出版社，2007.
51. 詹森. 批判的传播理论 [M]. 曹晋主，译. 上海：复旦大学出版社，2007.
52. 沃尔特·翁. 口语文化与书面文化：语的技术化 [M]. 何道宽，译. 北京：北京大学出版社，2008.
53. 袁世硕. 中国古代文学作品选（一）[M]. 北京：人民文学出版社，2008.
54. 塔尔德，加布里埃尔. 模仿律 [M]. 何道宽，译. 北京：中国人民大学出版社，2008.
55. 穆尔. 赛博空间的奥德赛：走向虚拟本体论与人类学 [M]. 麦永雄，译. 桂林：广西师范大学出版社，2008.
56. 费斯克. 传播过程导论 [M]. 许静，译. 北京：北京大学出版社，2008.
57. 宫承波. 新媒体概论 [M]. 北京：中国传媒大学出版社，2009.
58. 列宁. 列宁专题文集——论无产阶级政党 [M]. 北京：人民出版社，2009.
59. 格雷马斯. 符号学与社会科学 [M]. 徐伟民，译. 天津：百花文艺出版社，2009.
60. 查德威克. 互联网政治学：国家、公民与新传播技术 [M]. 任孟山，译. 北京：华夏出版社，2010.
61. 莱文森. 新新媒介 [M]. 河道宽，译. 上海：复旦大学出版社，2011.
62. 降边嘉错，吴伟. 格萨尔王 [M]. 北京：海豚出版社，2011.
63. 于根元. 网络语言概说 [M]. 北京：中国经济出版社，2011.
64. 海科特，凯俉尔. 媒介重构——公共传播的民主化运动 [M]. 广州：暨南大学出版社，2011.
65. 曹顺庆，赵毅衡. 符号与传媒第 2 辑 [M]. 成都：四川大学出版社，2011.
66. 洛根. 理解新媒介——延伸麦克卢汉 [M]. 河道宽，译. 上海：复旦大学出版社，2012.
67. 吉益民. 网络变异语言现象的认知研究 [M]. 北京：清华大学出版社，2012.
68. 曹进. 网络语言传播导论 [M]. 北京：清华大学出版社，2012.

69. 布鲁恩·延森. 媒介融合：网络传播、大众传播和人际传播的三重维度 [M]. 刘君，译. 上海：复旦大学出版社，2012.
70. 洛根. 理解新媒介——延伸麦克卢汉 [M]. 何道宽，译. 上海：复旦大学出版社，2012.
71. 莱文森. 数字麦克卢汉：数字化新千纪指南 [M]. 河道宽，译. 北京：北京师范大学出版社，2014.
72. 曹顺庆，赵毅衡. 符号与传媒第9辑 [M]. 成都：四川大学出版社，2014.
73. 王爱玲. 中国网络媒介的主流意识形态建设研究 [M]. 北京：人民出版社，2014.
74. 荷马. 荷马史诗·伊利亚特 [M]. 罗念生，王焕生，译. 上海：上海人民出版社，2015.
75. 曹顺庆，赵毅衡. 符号与传媒第11辑 [M]. 成都：四川大学出版社，2015.
76. 王磊. 中国语境下的文艺意识形态论 [M]. 北京：知识产权出版社，2015.
77. 王一岚. 新媒介情境下的意识形态建构 [M]. 北京：社会科学文献出版社，2016.
78. 莱文森. 新新媒介 [M]. 何道宽，译. 上海：复旦大学出版社，2016.
79. 唐旭军. 中国新媒体发展报告. NO.8，2017[M]. 北京：社会科学文献出版社，2017.
80. 曹顺庆，赵毅衡. 符号与传媒第14辑 [M]. 成都：四川大学出版社，2017.
81. 彭兰. 网络传播导论 [M]. 北京：中国人民大学出版社，2017.
82. 王一岚. 新媒介情境下的意识形态建构 [M]. 北京：社会科学文献出版社，2016.
83. 王磊. 中国语境下的文艺意识形态论 [M]. 北京：知识产权出版社，2015.

学位论文和期刊论文

1. 蒋同林. 口语研究的初步总结——读陈建民的《汉语口语》[J]. 汉语学习，1988，（3）：38-41.
2. 尹虎彬. 史诗的诗学：口头程式理论 [J]. 民族文学研究，1996，（3）：86-94.
3. 罗斯玛丽·列维·朱姆沃尔特. 口头传承研究方法纵谈 [J]. 尹虎彬，译. 民族文学研究，2000，（S1）：3-17.

4. 张咏华.新形势下对麦克卢汉媒介理论的再认识[J].现代传播,2000,(1):33-39.
5. 何道宽.媒介革命与学习革命——麦克卢汉媒介理论批评[J].深圳大学学报(人文社会科学版),2000,(5):99-106.
6. 邵培仁,李梁.媒介即意识形态——论法兰克福学派的媒介控制思想[J].浙江大学学报(人文社会科学版),2001,(1):99-106.
7. 杨鹏.厘清"媒介"概念 规范学术用语——兼及"媒体""新闻媒介"等概念的辨析[J].当代传播,2001(2):18-20.
8. 李春媚.西方媒介批评的四大理论背景[J].河北学刊.2003,(1):141-144.
9. 朱光烈.媒介的终结及其对社会的重塑——媒介环境发展趋势[J].学术界,2003,(1):257-274.
10. 王一川.论媒介在文学中的作用[J].广东社会科学,2003,(3):22-27.
11. 金元浦.当代文学艺术的边界的移动[J].河北学刊,2004,(4):93-96+102.
12. 欧阳友权.数字化的哲学局限与美学悖论[J].北京大学学报(哲学社会科学版),2005,(3):25-30.
13. 殷晓蓉."媒介帝国主义"和"数字鸿沟"[J].中国传媒报告,2005:195-203.
14. 董学文.文学本质界说考论以"审美"与"意识形态"关系为中心[J].北京大学学报(哲学社会科学版),2005,(5):79-86.
15. 赵建国.文学传播研究现状述评[J].河南大学学报(社会科学版),2006,(1):131-136.
16. 殷满堂.传播媒介与中国文学变迁之关系[J].广西社会科学,2006,(2):129-132.
17. 吕颖.新媒介的语言之绳——文艺学与文化研究对象的思考[J].宁夏社会科学,2006,(2):142-144.
18. 张邦卫."后工具时代"与媒介的诗性诉求——兼论媒介的文学基因与审美质素[J].长沙理工大学学报(社会科学版),2006,(2):91-94.
19. 麦永雄.赛博空间与文艺理论研究的新视野[J].文艺研究,2006,(6):29-38,166-167.
20. 张邦卫.泛文学时代与文学的媒介化脉动[J].广西社会科学,2006,(9):

135-138.

21. 肖锦龙. 米勒视野中的传播媒介和文学 [J]. 文艺理论研究, 2007, (1): 32-41.
22. 李茂叶. 论文学语言的媒介性 [J]. 中国石油大学学报, 2007, (1): 88-91.
23. 梅琼林, 沈爱君. 传播学研究方法新向度与新媒介环境 [J]. 甘肃社会科学. 2007, (1): 249-253.
24. 何道宽. 媒介环境学辨析 [J]. 国际新闻界, 2007, (1): 46-49.
25. 梅琼林, 沈爱君. 传播学研究方法新向度与新媒介环境 [J]. 甘肃社会科学, 2007, (1): 249-253.
26. 欧阳有权. 数字媒介文学转型及其学术理论 [J]. 福建论坛（人文社会科学版）, 2008, (5): 86-93.
27. 周海英. 从媒介环境学看新媒体对社会的影响 [J]. 兰州学刊, 2009, (6): 165-169.
28. 左秀兰. 心理语言学和认知语言学视角下网络语言变异 [J]. 大连海事大学学报（社会科学版）, 2009, 8 (4): 118-121.
29. 张进. 活态文化转向与少数民族审美文化研究 [J]. 中南民族大学学报（人文社会科学版）, 2009, 29 (6): 133-137.
30. 谭旭东. 媒介环境变迁与新文学的发展 [J]. 宁夏社会科学, 2010, (2): 154-158.
31. 李存. 微博文学的定义、发展、类型及特征 [J]. 贵州社会科学, 2010, (10): 65-72.
32. 黄舒蔚, 禹雄华. 中国媒介口语文化现象揣微 [J]. 漳州师范学院学报（哲学社会科学版）, 2010, 24 (4): 88-92.
33. 曹智频. 媒介偏向与文化变迁：从伊尼斯到麦克卢汉 [J]. 学术研究, 2010, (8): 129-133.
34. 李倩、刘欧. 媒介环境学发展现状初探 [J]. 新闻世界, 2010, (11): 141-142.
35. 乔基庆. 口语乌托邦——简论口语文化的特点与人们的存在样态 [J]. 经济与社会发展, 2011, 9 (10): 134-136.
36. 张芳圆. 媒介环境学视野下的微博碎片化现象 [J]. 北京邮电大学学报（社会科学版）, 2011, 13 (2): 5-8.

37. 赵洁. 口语化——当代俄罗斯大众传媒语言的修辞策略 [J]. 外语学刊, 2011, (4): 32-35.
38. 张邦卫. 文学媒介化与新世纪文学生产方式的变迁 [J]. 温州大学学报（社会科学版）, 2011, 24 (3): 35-42.
39. 王咏梅. 现代文艺学范式的媒介中心论转向 [J]. 当代文坛, 2011, (3): 21-23.
40. 李玮, 谢娟. "媒介"、"媒体"及其延伸概念的辨析与规范 [J]. 武汉理工大学学报（社会科学版）, 2011, 24 (5): 694-699.
41. 刘瑞生. 新媒体传播转型视阈下的意识形态建构 [J]. 苏州大学学报（哲学社会科学版）, 2011, 32 (6): 163-167.
42. 徐树华. 论口语研究的三种导向：交际、表达、传播 [J]. 现代传播（中国传媒大学学报）, 2012, 34 (9): 66-69.
43. 崔国清, 杨振岗. 电子传媒时代的口头诗学 [J]. 长治学院学报, 2012, 29 (4): 44-47.
44. 余源培. 新媒体与意识形态建设 [J]. 河北学刊, 2013, 33 (1): 128-132.
45. 屈会超. 新媒介语言的融合与分化 [J]. 新闻界, 2013, (2): 60-63.
46. 王旭华. 口语和书面语的区分对文学批评的影响——以弗莱文论为例 [J]. 现代语文（语言研究版）, 2014, (7): 26-28.
47. 曹进, 王翌霖. 语言无羁——网络影响言语交流的逻辑路径 [J]. 外语电化教学, 2014 (3): 9-13.
48. 李亚铭, 王群. 口语传播学：一个亟待建构的新学科 [J]. 编辑之友, 2014, (7): 65-69.
49. 黄擎, 孟瑞. 微博文学论析 [J]. 中文学术前沿, 2015, (2): 141-151.
50. 曹进, 曹玲. 网络对语言听觉感知影响之深层解析 [J]. 现代传播（中国传媒大学学报）, 2015, 37 (11): 134-139.
51. 张颖炜. 新媒体视野下网络语言的语体特征 [J]. 江苏社会科学, 2015, (4): 210-216.
52. 郭建斌. 媒体人类学：概念、历史及理论视角 [J]. 国际新闻界, 2015, 37 (10): 49-64.
53. 唐善林. "微时代"审美及其文化反思 [J]. 中国文学批评, 2015, (4): 92-100, 128.

54. 彭兰.万物皆媒——新一轮技术驱动的泛媒化趋势[J].编辑之友，2016，（3）：5-10.

55. 文大山.挑战与回应：新媒体时代的意识形态话语权[J].中国社会科学院研究生院学报，2016，（3）：12-16.

56. 刘恩东.新媒体意识形态对外传播运行机制与美国对华民主输出[J].上海行政学院学报，2016，17（5）：86-95.

57. 邢晓红.新媒体境遇下提升我国主流意识形态传播力的研究[J].南京师大学报（社会科学版），2016，（6）：11-18.

58. 谢金文，邹霞.媒介、媒体、传媒及其关联概念[J].新闻与传播研究，2017，24（3）119-122.

59. 万莹.媒介、媒体概念辨析[J].青年记者，2017，（28）：52-53.

60. 丁和根.大众传媒话语分析的理论、对象与方法[J].新闻与传播研究，2004，（1）：37-42，95.

61. 张邦卫.媒介诗学导论[D].浙江大学博士学位论文，2005，（4）.

62. 鲁彩苹.文学媒介革新与传统文学的新发展[D].西北师范大学硕士学位论文，2007，（6）.

63. 倪万.数字化艺术传播形态研究[D].山东大学博士学位论文，2009，（4）.

64. 陈晓洁.媒介环境学视阈下文学与媒介之关系研究[D].济南：山东大学，2012，（4）.

65. 赵莉.新媒体科学传播亲和力的话语建构研究[D].合肥：中国科学技术大学，2014，（11）.

66. 史梦诗.现代广播电视传播话语体系构建研究[D].武汉：华中科技大学，2014，（5）.

67. 何红连.大众媒介环境下社会主义意识形态传播问题研究[D].上海：华东师范大学，2014.

68. 李勃.新媒体视域下马克思主义大众传播研究[D].济南：山东大学，2016，（10）.

69. 郑萌萌.基于新媒体的社会主义核心价值观传播研究[D].苏州：苏州大学，2016，（3）.

70. 蔡泉水.新媒体环境下我国主流意识形态安全研究[D].南昌：南昌大学，2016，（5）.